NOTRE-DAME

DES

BONNES ÉTUDES

LA VRAIE SCIENCE EN MARIE ET PAR MARIE

RAPPORT PRÉSENTÉ au CONGRÈS MARIAL de SALZBOURG

·18-21 JUILLET 1910 ·

PAR

M. l'Abbé FESSLER

DIRECTEUR ET PROFESSEUR DE PHILOSOPHIE AU GRAND SÉMINAIRE
DE CHARTRES

Au Nom de l'Œuvre Sainte-Catherine d'Alexandrie

D

Dépôt au Secrétariat de l'Œuvre : **45, Rue Jacob (Paris 6e)**

NOTRE-DAME DES BONNES ÉTUDES

NOTRE-DAME

DES

BONNES ÉTUDES

LA VRAIE SCIENCE EN MARIE ET PAR MARIE

RAPPORT PRÉSENTÉ au CONGRÈS MARIAL de SALZBOURG

18-21 JUILLET 1910

PAR

M. l'Abbé FESSLER

DIRECTEUR ET PROFESSEUR DE PHILOSOPHIE AU GRAND SÉMINAIRE
DE CHARTRES

AU NOM DE L'ŒUVRE SAINTE-CATHERINE D'ALEXANDRIE

Dépôt au Secrétariat de l'Œuvre : 45, Rue Jacob (Paris 6e)

B.V. MARIA MATER BONORVM STVDIORVM

PRIERE A NOTRE-DAME DES BONNES ETUDES

O Sanctissima Virgo Maria, quæ Salvatorem Jesum genuisti, « *Lumen æternum mundo* » effudisti, o Mater divinæ scientiæ, cujus pia intercessio innumeris mentibus incultis et ignorantibus mirabiliter progredi in scientia et pietate obtinuit, Te studiorum meorum præsidem ac patronam eligo.

Per tuam intercessionem, *o Mater bonorum studiorum*, Spiritus Sanctus animam meam impleat lumine et fortitudine, prudentia et humilitate ; det mihi voluntatem rectam, intelligentiam, memoriam, facilitatem sufficientem, docilitatem præsertim mentis et cordis, ut in omnibus, secundum divinæ sapientiæ consilia progredi possim.

Defende me, o bona Mater, adversus spiritum superbiæ, præsumptionis, vanæ curiositatis et inconstantiæ ; præserva me ab omni scandalo, ab omni errore, ab iis omnibus quæ possent fidem meam corrumpere, luciditatem intellectus, puritatem cordis, pacem animæ meæ turbare.

Fac, o Maria, ut, sub tuo Patrocinio, semper submissus directionibus et doctrinis Sanctæ Ecclesiæ, Matris Meæ, cum securitate, fortitudine et constantia incedere possim in viam veritatis et virtutis, et tandem pervenire ad cognitionem, amorem et æternam possessionem Jesu Christi, Domini nostri, Filii tui. *Amen !*

Fidelibus recitantibus hanc precem Indulgentiam centum dierum toties quoties lucrandam concedimus. Die 26 Aprilis 1907.

Pius PP. X

L'objet de la *Dévotion à Notre-Dame des Bonnes Études* fut présenté au *Congrès marial de Saragosse* (28 septembre 1908).

Pour le *Congrès marial de Salzbourg* (18-21 juillet 1910), la thèse suivante : « *Marie, Mère du Verbe Incarné, instruite divinement des mystères divins. — Légitimité de la dévotion à Notre-Dame des Bonnes Études,* » ayant été proposée, on s'inspira de ce sujet doctrinal pour développer certaines idées contenues en germe dans le rapport sur *Notre-Dame des Bonnes Études.* De là est née cette thèse plus générale : *Notre-Dame des Bonnes Études — La vraie science en Marie et par Marie.* Elle dépasse ainsi les limites de la question proposée par le *Congrès marial de Salzbourg,* mais développée de cette manière, puisse-t-elle confirmer, d'une façon plus efficace encore et la plus complète, la *Légitimité de la Dévotion à Notre-Dame des Bonnes Études.*

Notre-Dame des Bonnes Études

LA VRAIE SCIENCE EN MARIE ET PAR MARIE

L'étude de la Très Sainte Vierge est de tous les temps, et la méditation que l'on fait de sa mission ou de ses vertus a des lumières et des grâces pour chaque âme, selon ses besoins, ses aspirations et ses mérites. Belle comme la lune et brillante comme le soleil, *pulchra ut luna, electa ut sol*, Marie verse au fond de tout cœur désireux de la mieux connaître pour la mieux aimer des rayons bienfaisants de vérité et de vertu. Il est beau et bon de chercher à pénétrer davantage la mission et les vertus de la Sainte Vierge, car elle donne en retour un surcroît de vérité. Touchante et délicate réciprocité d'un cœur maternel, qui se laisse contempler pour attirer avec plus de force vers son divin Fils. Aussi est-ce cela même qui nous a déterminé à faire ce travail, persuadé que parler de la Sainte Vierge aux âmes, c'est les mettre déjà dans le vrai.

Bien qu'on puisse toujours répéter la parole de saint Bernard : *De Maria nunquam satis*, il faut savoir se limiter dans ses recherches. Le programme *du Congrès de Salzbourg* nous y invite ; mais, pour des raisons énoncées plus loin, nous dépasserons les limites de ce programme. Considérant donc la Sainte Vierge sous un aspect spécial qui, pour être toujours le même, est cependant plus actuel que jamais, nous verrons *comment Marie, étant Mère du Verbe Incarné, fut instruite divinement des mystères divins et des sciences humaines.*

Cette thèse d'un intérêt général ne manque ni d'ampleur ni de portée. Mais un simple exposé ne suffirait peut-être pas. Les principes théologiques ont leurs conclusions pratiques, et c'est de leur union que se forme la vie chrétienne.

Aussi, du principe développé, dégagerons-nous les conclusions qui en jaillissent logiquement.

Le principe est l'énoncé même de la thèse :

Marie, Mère du Verbe Incarné, est instruite divinement des mystères divins et des sciences humaines.

Les conclusions sont les suivantes :

Instruite des choses divines et humaines, parce qu'elle est *Mère du Verbe Incarné*, Marie, en raison même de cette maternité divine et parce qu'elle est aussi Mère des hommes, préservera ses enfants de l'erreur. Elle manifestera ce rôle, non seulement dans l'Eglise, mais encore dans l'enseignement, qui est source de vérité ou d'erreur selon qu'il donne la vraie ou la fausse science. Marie sera donc à bon droit considérée comme la *protectrice*, *l'inspiratrice* et la *gardienne de la vraie science*, laquelle s'acquiert par de belles et bonnes études, à tous les degrés de l'enseignement.

D'où apparaît la légitimité de la *dévotion à Notre-Dame des Bonnes Etudes*, qui a pour but de donner à l'enseignement chrétien, comme protectrice, inspiratrice et gardienne, Marie, la Mère du Verbe Incarné.

De là trois parties dans ce Rapport :

I. *Marie, Mère du Verbe Incarné, instruite divinement des mystères divins et des sciences humaines.*

II. *Marie, Mère du Verbe Incarné et Mère des hommes, instruit les hommes dans la science divine et humaine. De là son rôle doctrinal dans l'Eglise et son rôle de protectrice, d'inspiratrice et de gardienne de la vraie science.*

III. *Légitimité de la dévotion à Notre-Dame des Bonnes Etudes.*

Tel est le plan de la thèse, exposé dès le début pour donner plus de clarté à l'ensemble du sujet. Que *Notre-Dame des Bonnes Etudes* l'accueille, le bénisse et le fasse fructifier pour la cause même de l'enseignement.

I

MARIE, MÈRE DU VERBE INCARNÉ, INSTRUITE PAR DIEU

1° MARIE INSTRUITE DIVINEMENT DES MYSTÈRES DIVINS.

Les œuvres de Dieu ont une beauté propre et leur excellence rayonne au-delà même de l'espace et du temps. Rien de confus dans leur plan, rien d'indécis dans leur exécution. Une sublime harmonie éclate en elles, et nous révèle une puissance créatrice égale à l'amour qui les conçoit. Ces perfections semblent s'éclairer d'une lumière plus vive à mesure qu'on monte dans l'ordre des êtres créés. Aussi, élevés à des hauteurs voisines pour ainsi dire de la Divinité elle-même, nous n'avons plus de mots pour exprimer notre pensée ; seul, le cœur nous reste pour aimer dans le silence et l'humilité. On l'éprouve surtout, quand on contemple la Très Sainte Vierge. Elevée à un degré supérieur à tout l'ordre créé, quoique créature elle-même, elle entre dans un plan spécial ; sa mission ne ressemble à aucune autre. La divinité la pénètre depuis le commencement jusqu'à la fin. Si elle se réalise dans le temps, elle est antérieure et supérieure à tous les temps, et ce caractère d'éternité lui demeure.

Marie doit être la Mère du Verbe Incarné. Aussi bien, ce privilège de la Maternité divine devient-il comme le cœur de la Création tout entière. C'est de lui que jaillit le flot de la grâce qui, coulant en toute la personne de Marie, y répand, avec la vie divine, la plénitude de vertu et de vérité qu'une créature peut recevoir ; c'est vers lui que montent la prière et l'admiration de l'âme chrétienne qui vient y puiser, comme en une source jaillissant pour la vie éternelle, l'onde salutaire de la vérité et de l'amour divin. Contemplons donc la Maternité divine de la Très Sainte Vierge et voyons les conséquences dans l'ordre de la vérité.

La Maternité divine de Marie, c'est un mystère de puissance, d'amour et de sagesse divine.

Pour nous racheter du péché et nous ouvrir le chemin du ciel par le pardon et la vérité, Dieu revêt son Essence Infinie de la fragile enveloppe de la nature humaine. Unique dans sa prédestination et sa nature, la Maternité divine nous donne Dieu dans un état qui relève l'humanité déchue. Si la divinité se cache sous les voiles d'une chair mortelle, c'est pour se rendre plus utile à la créature qu'elle vient sauver. Elle n'anéantit pas le créé sous la puissance de sa majesté, mais elle le maintient et le transfigure.

A cette œuvre essentiellement divine dans son origine, son moyen et sa fin, coopère une humble fille de Nazareth. Elle se dit la servante du Seigneur : *Ecce ancilla Domini.* Le Fils de Dieu se fait donc chair en elle, sous l'action directe du Père qui l'engendre éternellement et de l'Esprit d'amour. Il prend notre nature tout entière, excepté le péché. Il l'unit à sa nature divine. De leur union hypostatique résulte une seule personne qui est la personne même de Jésus-Christ, Fils de Dieu et Fils de l'Homme, C'est le mystère de l'Incarnation du Verbe ; c'est le mystère de la Maternité divine de la Vierge. Rayonnement divin au sein de l'humanité ! Mystère resplendissant de toutes les perfections divines ! Aussi, plus il est grand, plus il est beau, plus il est profond, plus grande, plus pure et plus glorieuse est Celle qui y prit une si large part. Elle est *bénie entre toutes les femmes* car en elle se sont accomplies de grandes choses. Les *nations* la *chanteront bienheureuse* car elle renferme en son sein Celui qui est la Béatitude même.

Quelle ne devait donc pas être la splendeur immaculée de Marie ! Si la justice originelle du premier Adam fut la plus belle parure de l'Éden, combien plus devait-il être orné de justice et de sainteté, ce paradis de l'Incarnation que la Vierge Marie offrait à la venue de son Seigneur ! « Il est manifeste, dit saint Thomas, que plus un être se rapproche du principe dont il reçoit ses propriétés, plus il participe à l'efficacité de ce principe... Plus rapprochée du Christ que les Anges est la Vierge bénie qui doit revêtir le Verbe de Dieu de notre nature et l'appeler son Fils. A elle donc une grâce plénière qui l'emporte sur toute grâce. » « *Beata autem Virgo Maria propinquissima Christo fuit secundum humanitatem, quia ex ea accepit humanam naturam. Et ideo prae cæteris majorem debuit a Christo gratiæ plenitudinem obtinere* [1] ».

L'Ange Gabriel l'exprima clairement lorsque, saluant la Vierge de Nazareth, il lui dit : « *Je vous salue, pleine de grâce* ».

« *Pleine de grâce !* c'était plus que son nom, c'en était la raison et l'essence. Cela disait l'état constitutif de celle qu'on désignait ainsi et ce qu'il y a en elle de plus profond et de plus radical, car en Marie la nature même est pour la grâce comme la grâce est pour la fonction [2]. »

La grâce de Marie comprenait donc toute grâce. La plus belle de toutes, on pourrait dire la plus nécessaire, fut l'Immaculée Conception. La sainteté divine ne pouvait s'unir qu'à une sainteté humaine. C'est la pensée même de l'Eglise qui a fait de l'Immaculée Conception de la Très Sainte Vierge, un dogme de notre foi. Mais si l'on connaît la raison de cette grâce singulière et unique, on sait aussi quelle en fut la source originelle. Nous lisons, en effet, dans la collecte de la Fête de l'Immaculée Conception qu'une telle grâce fut accordée à la Sainte Vierge, *ex morte ejusdem Filii praevisa*. C'est en prévision des mérites du Rédempteur que l'âme de Marie fut exempte de toute faute, et cela parce qu'elle devait être la Mère du Rédempteur.

Toute grâce, en Marie, devait donc découler du mystère même auquel elle coopérait par sa chair virginale, dans l'humilité de son cœur.

La coopération à l'Incarnation exigeait le concours direct de la Très Sainte Vierge. Cela supposait une donation complète de tout son être. De là résultait pour Marie la nécessité d'en connaître le mode et la fin. D'ailleurs les lois ordinaires de l'action providentielle, la virginité de Marie, la nature du mystère de l'Incarnation devaient déterminer Dieu

1. Saint THOMAS, IIIe pars. 927, a. 5.
2. Mgr GAY, *Elévations sur la vie et la doctrine de Notre-Seigneur Jésus-Christ*, 6e Elévation, p. 5.

à révéler à celle qu'il choisit pour Mère, le plan rédempteur qu'il avait conçu pour son Fils et pour elle.

Dieu, en effet, a donné à l'homme l'intelligence et la volonté libre : l'intelligence éclaire, la volonté guide. Lorsqu'il se sert de l'homme pour accomplir une mission en ce monde, Dieu respecte les lois de ces deux facultés. S'il les aide par son concours et sa grâce, ce n'est pas pour se substituer à leur propre activité mais pour la stimuler, l'ordonner et la perfectionner. Aussi les œuvres divines révèlent-elles l'intelligence et la liberté à un degré tel qu'on ne sait laquelle des deux il convient d'admirer le plus. C'est l'histoire des Patriarches et des Prophètes ; c'est l'histoire du Précurseur, saint Jean-Baptiste. Mais si la conduite de la Providence s'est ainsi manifestée dans la préparation de la venue du Rédempteur, combien plus radieuse fut-elle dans l'œuvre qui allait donner au monde le Rédempteur lui-même.

Elle le fut et d'une manière d'autant plus sublime qu'un obstacle s'opposait à la coopération de Marie dans l'œuvre de l'Incarnation. C'était la virginité même de celle que Dieu avait choisie pour sa Mère. Marie s'était donnée à Dieu par un libre consentement. Conclu avec liberté, le pacte qui l'unissait à Dieu devait rester marqué du sceau de la liberté. Consacrée vierge, Marie conserverait intacte et pour toujours la fleur de sa virginité. Aussi répondit-elle à l'Ange Gabriel qui lui annonçait la grandeur de sa Maternité : « *Quomodo fiet istud, quoniam virum non cognosco* ». En conséquence, si Dieu voulait la choisir pour une fonction à laquelle s'opposait humainement sa condition, il ne pouvait réaliser son dessein sans lui révéler la mission qu'il lui confiait et sans lui donner l'assurance que sa libre donation serait respectée. Au cœur virginal de Marie il fallait une révélation positive de Dieu pour obtenir son assentiment. Une autre raison la motivait : c'était le caractère même de l'Incarnation qui est un mystère d'amour.

Mais alors si le Verbe de Dieu se faisait chair par amour, ne fallait-il pas qu'il trouvât en sa Mère l'amour le plus pur et le plus vif qui ait embrasé un cœur créé ? Cela est trop évident pour insister. Cependant on sait d'autre part que l'amour, comme tout sentiment, et plus que tout autre peut-être, doit avoir un objet. « *Nihil volitum nisi praecognitum* ». « Rien n'est voulu si ce n'est ce qui est connu d'avance ». Cette vieille formule scolastique est vraie pour l'ordre naturel ; à plus forte raison pour l'ordre surnaturel. Dans l'un et autre ordre, l'homme doit connaître sa fin et les moyens de la réaliser. Mais si la raison s'élève à la connaissance de ce qui est naturel, elle reste impuissante devant le surnaturel. Loin d'en sonder la profondeur, elle n'en soupçonne même pas l'existence. Pour arriver à ce degré de connaissance il lui faut une lumière spéciale de Dieu : la Révélation. Telle est la doctrine du Concile du Vatican.

Or, si un tel secours divin est nécessaire à l'homme élevé à l'état surnaturel, ne doit-on pas conclure logiquement que dans l'ordre transcendental, unique de l'Incarnation du Verbe, Dieu devait révéler ce mystère impénétrable à celle qu'il avait élevée à l'ordre qui unissait en une harmonie sublime l'ordre naturel et l'ordre surnaturel, celui de la Maternité divine ? Marie entra si avant dans les œuvres divines que Dieu ne chercha rien autre qu'elle, prérogative par excellence que Dieu ne pouvait laisser ignorer à celle qui en était l'objet le plus aimé.

Ce fut la raison du messsage de l'ange Gabriel à Marie. Il lui fit cette révélation : « *Ecce concipies in utero et paries filium et vocabis nomen ejus Jesum. Hic erit magnus et Filius Altissimi vocabitur et dabit illi Dominus Deus sedem David patris ejus et regnabit in domo Jacob in aeternum. Et regni ejus non erit finis.*

Dixit autem Maria ad Angelum : Quomodo fiet istud quoniam virum non cognosco. Et respondens Angelus dixit ei : Spiritus Sanctus superveniet in te, et virtus Altissimi obumbrabit tibi. Ideoque et quod nascetur ex te Sanctum vocabitur Filius Dei ».

La Révélation nécessaire à la Sainte Vierge pour coopérer au mystère de l'Incarnation était complète.

Dans une même lumière divine, la Vierge de Nazareth put contempler le fait et la grandeur de la Maternité divine : (*Ecce concipies in utero et paries filium... Hic erit magnus*); la mission rédemptrice et glorieuse de son Fils (*Et vocabis nomen ejus Jesum... Dabit illi Dominus Deus sedem David patris ejus et regnabit in domo Jacob in aeternum. Et regni ejus non erit finis*); la conception virginale (*Spiritus Sanctus superveniet in te et virtus Altissimi obambrabit tibi*); le mystère même de l'Incarnation du Verbe (*Et quod nascetur ex te sanctum vocabitur Filius Dei*); et enfin le mystère de la Trinité (*Filius Altissimi... Spiritus Sanctus... Filius Dei*).

Ainsi, dans un même instant et pour une même œuvre, Dieu révélait à Marie les mystères de sa Vie, de sa Pensée et de son Amour. Marie n'en eut pas une connaissance adéquate, car aucune intelligence créée ne peut embrasser l'Etre infini, mais elle eut la connaissance des mystères nécessaire pour pouvoir répondre avec sagesse et liberté à l'appel du Très-Haut.

C'est alors qu'illuminée des grâces d'intelligence, de volonté et de cœur, elle put dire : « *Ecce ancilla Domini. Voici la servante du Seigneur* ». Parole sublime que Dieu dans sa prescience avait entendue de toute éternité, mais qui ne devait retentir dans le monde et n'avoir d'efficacité qu'à l'instant même où Dieu révèlerait les mystères qui en dépendraient dans la suite.

D'où il résulte que Marie devait être instruite des choses divines parce qu'elle fut la Mère du Verbe Incarné. On pourrait résumer tout ce qui a été dit en citant la belle page que saint Bonaventure a consacrée à ce sujet. Commentant la parole de l'Ange Gabriel : « *gratia plena* », le Docteur Séraphique s'exprime ainsi : « La grâce de la vérité a établi Marie dans la vérité au-dessus, au-dessous, au dedans, au dehors d'elle-même· La grâce de la vérité a établi Marie dans la vérité au-dessus d'elle-même par le don de sagesse, au-dessous par le don de conseil, au-dedans par le don d'intelligence, au-dehors par le don de science. La grâce de la vérité a vraiment établi l'âme de Marie dans la vérité au-dessus d'elle-même, par la plus sage contemplation des choses dont elle devait jouir ; au-dessous d'elle-même, par la plus prudente prévision de ce qu'elle devait fuir ; au-dedans d'elle-même, *par la plus certaine connaissance de ce qu'elle devait croire :* au dehors d'elle-même, par le plus raisonnable discernement de ce qu'elle devait faire. »

Cette pensée du Docteur Séraphique se trouvait déjà comme en un substantiel résumé dans une homélie de saint Anselme. Expliquant cette parole *Intravit in quoddam castellum*, l'Archevêque de Cantorbéry disait : « *Donc la vertu de Dieu et la sagesse de Dieu et tous les trésors de sagesse et de science sont en Marie* [1]. »

Saint Thomas d'Aquin a repris la même idée en l'analysant de la manière suivante : « *Il n'y a pas à douter que la Bienheureuse Vierge n'ait reçu excellemment le don de sagesse et la grâce des vertus et aussi la grâce de la prophétie* [2]. »

Le Bienheureux Albert le Grand, le maître de Saint Thomas avait affirmé le même privilège en montrant avec une rare précision comment il s'harmonisait avec la mission même de Marie : « *Dans les choses ordonnées avec perfection, dit-il, une plus grande science suit une plus grande puissance, et une plus grande opération, une plus grande science ; or tout cela fut en la Bienheureuse Vierge porté au plus haut degré* [3]. »

Enfin nous pourrons conclure cette série de témoignages empruntés aux grands Docteurs du moyen âge par cette pensée de saint Bernard.

« *Comme Mère de Dieu, elle eut une science des choses divines qui dépassa la sagesse de Salomon et même la science du premier homme a l'état d'innocence.... Vêtue comme d'un soleil, elle pénétra l'abîme de la Sagesse divine à tel point que, autant que la condition de la créature le permet sans l'union personnelle, elle parut comme plongée dans cette lumière inaccessible* [4].

La science divine avait donc pénétré l'intelligence de Marie comme la grâce en avait rempli l'âme de la splendeur de la sainteté. Comme la grâce aussi qui brilla d'un éclat toujours plus vif et plus pur jusqu'à ce qu'elle se consommât dans la gloire du ciel, ainsi se développa avec elle et par elle l'intelligence de Marie dans les choses divines. La Trinité

1. Saint ANSELME, Hom., in saint Luc x.
2. Saint THOM., III⁰ pars., 9. 47. a. 5. ad 3ᵘᵐ.
3. Alb. le GRAND, *Mariale*, C. 149.
4. Saint BERNARD, *Sermo de Verbo Incarnato*.

Sainte elle-même forma ce chef-d'œuvre. Le Père instruisit sa Fille privilégiée ; le Fils, sa Mère bien-aimée, et l'Esprit-Saint, son Epouse immaculée. Sous l'action des trois Personnes divines, l'âme de Marie fut le resplendissement de la lumière éternelle : *Candor lucis æternæ.*

Dieu le Père lui fit entrevoir les splendeurs de la vision béatifique. Sans doute elle n'en jouit pas d'une manière constante, car elle était encore *viatrix*, c'est-à-dire voyageuse sur cette terre ; mais, parce qu'elle était Mère de Celui qui est la plénitude de la grâce et de la vérité, elle dut recevoir, dit saint Thomas « des privilèges de grâce plus grands que tous les autres. » Or, la plus grande grâce que Dieu puisse accorder à la créature, n'est-ce pas de se faire connaître à elle dans la majesté de son Éternité? Si saint Paul dans ses Epîtres et saint Jean dans son Apocalypse nous parlent de choses que l'œil de l'homme n'a jamais vues, ni l'oreille de l'homme jamais entendues, ne peut-on pas conclure que Dieu a révélé ces mêmes mystères du ciel à celle qui fut non pas son Apôtre, mais la Mère de son Fils. « *Le Christ lui-même*, dit saint Bernard, *élevait sa Mère vers la montagne de myrrhe et la colline de l'encens en lui révélant la gloire déifique et supracéleste.* »

L'enseignement du Fils porta aussi sur sa propre mission. En lisant les Evangiles, on voit avec quelle délicatesse de sentiments, le Fils instruisit sa Mère.

Au temple de Jérusalem, Jésus dit à sa Mère, inquiète de son absence : « *Ne savez-vous pas que je dois m'occuper des affaires de mon Père?* » manifestant par là sa filiation divine et le caractère surnaturel de sa mission messianique.

A Cana, Jésus répond à la demande si discrète de sa Mère : « *Femme qu'y a-t-il entre vous et moi?* », exprimant ainsi le caractère transcendant de sa vie qui est toute pour son Père.

Sur la Croix, Jésus s'adresse ainsi à sa Mère plongée dans un océan de douleur : « *Femme, voici votre Fils* », révélant à celle qu'il allait quitter comme Fils de l'homme, la nature et la fécondité d'une maternité nouvelle : celle des âmes, par la grâce qu'il lui donnait comme Fils de Dieu.

Ainsi, au contact de son divin Fils, la Vierge Mère entrait plus avant dans la connaissance des mystères de la Rédemption et de la Grâce. Son cœur était un sanctuaire sacré où la grâce s'élevait comme un parfum d'encens et où ne résonnait que la voix de Dieu. Il conservait toutes ces merveilles avec une fidélité égale à sa discrétion « *Maria autem conservabat verba hæc in corde suo* ».

Dans notre pieuse curiosité, nous voudrions connaître avec plus de détails encore les mystères qui firent de Nazareth le temple le plus beau de Dieu et entrevoir quelque chose de ce qui se passait entre la Mère et son Fils. Mais saint Luc respecta ces mystères intimes avec une exquise délicatesse. S'il n'omit rien de ce qu'il était essentiel de savoir, du moins il laissa dans une demi-obscurité le mystère de l'humilité et de l'obéissance d'un Dieu.

C'est dans ce silence de Nazareth que l'Esprit-Saint continua son œuvre de lumière.

Marie, remplie de la grâce et des vertus surnaturelles, reçut le don de l'intelligence. Cela ressort de la nature même de l'habitation du Saint-Esprit dans les âmes, comme l'ont expliqué les grands docteurs de la Grâce, tels qu'un saint Augustin et un saint Thomas d'Aquin.

Une considération empruntée à l'Evangile le confirme. Le Christ, en effet, attribue à l'Esprit-Saint un rôle essentiel dans la formation de ses Apôtres. « *Paracletus autem Spiritus sanctus quem mittet Pater in nomine meo, ille vos docebit omnia et suggeret vobis omnia quæcumque dixero vobis* » (JOA, XIV, 26) et dans un autre passage « *Cum autem venerit ille Spiritus veritatis, docebit vos omnem veritatem* » (JOA XVI, 13).

Le jour de la Pentecôte, l'Esprit-Saint descendit en chacun des Apôtres. Alors, s'opéra en eux une transformation intellectuelle mystérieuse. La vie et les enseignements du Maître leur apparurent dans une lumière nouvelle. Leur foi n'en devint que plus forte et leur parole plus ardente et plus persuasive. L'action de l'Esprit-Saint ne s'était pas manifestée plus tôt, l'heure n'était pas encore venue ; mais elle se produisit à l'instant choisi par le Fils de Dieu pour envoyer ses Apôtres annoncer à l'univers la Bonne Nouvelle.

D'où il résulte que si la science des choses divines fut donnée aux Apôtres par l'Esprit-Saint, Marie dut jouir du même privilège. Elle en jouit à un degré éminent, et cela dès son origine. Si la Pentecôte fut le jour où l'Esprit de Vérité illumina l'intelligence des Apôtres, l'instant de l'Immaculée Conception et de la Maternité Virginale de Marie fut le moment béni entre tous où l'Esprit de Vérité éclaira l'intelligence de son Epouse Immaculée. Si l'Esprit-Saint donna aux Apôtres une connaissance plus pleine de la vie et des enseignements de leur Maître, ce même Esprit qui distribue toute grâce selon la mission et les mérites de chacun, accorda une science inénarrable des choses divines à Celle qui, comme Mère du Fils de Dieu, devait connaître ce Fils d'une science qui dépasse la science de toute créature « *Spiritus sanctus superveniet in te* ». Oui, l'Esprit-Saint descendit en Marie. Dans un même acte, il fit deux merveilles : une Vierge Mère et un Dieu-Homme. L'âme de Marie fut remplie de toute grâce, et son intelligence de toute vérité.

Aussi, devant ces mystères de puissance et d'amour de Dieu, nous ne pouvons que répéter la parole de l'Apocalypse « *Amen. Benedictio, et claritas et sapientia, et gratiarum actio, honor et virtus et fortitudo Deo nostro, in sæcula sæculorum. Amen.* » De nos cœurs et de nos lèvres jaillissent les strophes inspirées du *Magnificat*. Notre voix se mêle à la voix de la Vierge Mère, et avec elle nous bénissons Dieu d'avoir opéré de grandes choses en Elle qui ne voulut être que l'humble servante du Seigneur. Dieu l'exalta par la grâce ; il l'exalta aussi par la vérité. Par cette illumination de l'intelligence qui ne cessa jamais, il lui fit connaître les splendeurs de Bethléem, malgré sa pauvreté ; les grandeurs de Nazareth, malgré son labeur ; les joies sublimes du Calvaire, malgré son martyre ; les gloires de l'Ascension, malgré la tristesse d'une séparation. Enfin, unissant aux tressaillements d'allégresse de la Résurrection la force et l'amour d'une Pentecôte, il ouvrait à sa Mère le vaste horizon de la foi et du ciel, afin qu'à jamais elle soit la Mère des élus du Christ qui étendraient le royaume de Dieu en ce monde, les uns par la prière, d'autres par la prédication, et tous par la foi et les souffrances, unis en une même charité.

Voilà ce que nous révèle la méditation des récits évangéliques et de la nature de la Grâce. Assurément, nous ne pouvons que balbutier de tels mystères ; mais il est beau et consolant d'en avoir une connaissance même incomplète et encore obscure, car elle nous porte spontanément à une foi plus entière, comme nous la souhaitons en attendant la grâce finale qui en est la consommation.

2° Marie instruite divinement des sciences humaines

La science divine ne fut pas la seule qui orna l'intelligence de Marie ; elle reçut aussi la perfection des sciences humaines. Toute perfection devait se trouver en Marie « *In Beata Virgine debuit apparere omne illud quod fuit perfectionis*[1] » « *Sans doute,* dit saint Antonin, *en ce qui concerne la connaissance des choses matérielles et civiles, Adam eut une science plus vaste que la Bienheureuse Vierge. Parmi ces choses, il y en avait plusieurs qu'il n'importait pas du tout à la Bienheureuse Vierge de connaître ; elles eussent été superflues, comme certains arts propres aux hommes, par exemple l'art de la guerre, du commerce, de la navigation* ».

Cette réserve formulée par un si grand théologien semble limiter la sience humaine de Marie. Et cependant elle ne fait que donner à la question plus de précision, de clarté et d'ampleur.

En effet, si Marie paraît ignorer dans les sciences humaines ce qu'il lui est inutile de savoir, elle connaît donc ce qui lui est utile. Cette contre-partie sort naturellement du texte cité. Or, qu'est ce qu'il est utile de connaître ? Les principes du vrai et du beau. La vérité est la base et la fin de toute science ; le beau est l'idéal connu et exprimé de tout art. Le vrai a sa beauté comme le beau a sa vérité. Le vrai et le beau s'unissent, et c'est de leur union que naît dans une œuvre ce caractère de bonté qui lui ajoute comme à une âme ce je ne sais quoi de gracieux et de fort.

D'où viennent ces principes ? Ils ne sont pas une création de la raison humaine. La Pensée même de Dieu est leur seule origine. Par cette Pen-

---

1. Saint Thom., *in IV Sentent. diss. 30. 92, a. 1.*

sée, Dieu se connaît dans son Infini et donc sa Vérité est éternelle et absolue ; par cette Pensée, Dieu se contemple et donc sa Beauté est immaculée. Le monde, œuvre de Dieu, n'est qu'un reflet infiniment amoindri des perfections divines. Les verités déposées au fond de chaque être et les beautés répandues sur l'humble fleur des champs et dans l'immensité des cieux, ne sont que des parcelles infiniment petites de vérité et de beauté qui reflètent une Vérité et une Beauté infinies, et qui n'ont d'être et de réalité que par la Vérité, source de toute vérité ; que par la Beauté, type idéal de toute beauté. Aussi, plus on s'élève vers Dieu, plus vraie et plus belle nous apparaît la création ; plus clairs et plus certains sont les principes des choses. A la lumière divine, les incertitudes disparaissent, et la création emprunte à l'éternité un rayon de sa vérité et de sa beauté. On a donc de la sorte une science incomparable, sinon dans tous les détails de chaque ordre du savoir, du moins dans ses principes constitutifs. Or, c'est cela surtout qui importe. Si l'on a une telle connaissance des principes, on est sûr d'être dans la bonne voie, même au point de vue purement rationnel, à plus forte raison lorsqu'il s'agit de la foi. C'est que, comme nous l'avons dit, toute vérité et toute beauté venant de Dieu, il ne peut y avoir conflit entre la foi et les vrais principes des connaissances humaines.

Les vérités de la foi et les vérités rationnelles ont une même origine qui est la pensée de Dieu. Leur accord est donc essentiellement nécessaire, car il se fait en Dieu dans l'Unité même de sa substance et donc de sa Vérité ; il sera éternellement vrai, car la Pensée de Dieu est éternelle et les rayons de vérité et de beauté qui jaillissent à nos regards et à notre intelligence conservent, malgré les variations des choses, un aspect d'éternité.

De ces considérations, il résulte que Marie qui reçut le don d'intelligence au plus haut degré possible pour une créature, dut avoir la connaissance la plus pénétrante des choses humaines. Si au contact du Verbe incarné, elle eut une science supérieure des choses divines, pourquoi n'aurait-elle pas une science équivalente des choses humaines ? La science des choses divines lui permit de mieux comprendre la nature, la grandeur et l'influence de sa mission ; la science des choses humaines devait lui faciliter la connaissance d'un monde qui par sa vérité et sa beauté est le vestibule du monde divin. D'ailleurs la manière de comprendre, plus que la connaissance des choses elles-mêmes, constituait la perfection de la science humaine en Marie.

Dieu la donna à sa Mère, et l'on peut à bon droit appliquer à Marie ces belles paroles que l'Ecriture applique à la Sagesse[1].

« *Ipse enim dedit mihi horum quæ sunt, scientiam veram ut sciam dispositionem orbis terrarum et virtutes elementorum.*

« *Initium et consummationem et medietatem temporum vicissitudinum, permutationes et commotiones temporum.*

« *Anni cursus et stellarum dispositiones.*

« *Naturas animalium et vias bestiarum, vim ventorum et cogitationes hominum, differentias virgultorum et virtutes radicum.*

« *Et quæcumque sunt absconsa et improvisa didici : omnium enim artifex docuit me sapientia.*

La Vénérable Marie de Jésus d'Agréda a donné, dans sa *Cité mystique de Dieu,* un magnifique développement sur la science humaine de Marie.

Elle nous raconte ainsi l'une de ses visions : « Marie connut comment « la force de la parole divine produisit les eaux qui sont sous le firmament, « les reptiles qui rampent sur la terre, les oiseaux qui volent dans l'air et « les poissons qui se trouvent dans ces mêmes eaux. Elle connut le « principe, la nature, la forme et la figure de toutes ces créatures, le genre « et toutes les espèces d'animaux sauvages, leurs qualités, leurs propriétés, « leurs classes, les oiseaux du ciel (car nous appelons ainsi l'air) avec leurs « différences, la forme, le plumage, les ornements et la légèreté de chaque « espèce ; elle découvrit les poissons innombrables de la mer et des « rivières, les diverses sortes de monstres marins, leur structure, leurs « qualités, leurs cavernes, la nourriture que la mer leur fournit, la fin pour

1. *Lib. Sapientiæ,* VII, 17, 21.

« laquelle ils ont été créés et le rôle qu'ils remplissent dans le mon de. Le
« Seigneur commanda singulièrement à cette multitude de créatures
« d'obéir à la Sainte Vierge [1]. »

S'élevant ensuite à l'homme, la vénérable Marie d'Agréda continue :
« Marie découvrit fort clairement l'harmonie du corps humain, l'âme, ses
puissances, sa création... »

Mais c'est dans la vision même de la Divinité que resplendit la science
de Marie. « Ensuite elle vit de ce lieu où elle fut placée la Divinité, par
« une vision abstractive comme les autres fois, et sa propre dignité de
« Mère de Dieu lui étant toujours cachée, la divine Majesté lui manifesta
« des mystères si nouveaux et si relevés qu'il m'est impossible de les
« révéler à cause de leur profondeur et de mon ignorance.

« Elle vit de nouveau dans la divinité toutes les choses créées et
« possibles et futures. Les choses matérielles lui furent manifestées, Dieu
« les lui faisant connaître par des sensations physiques et sensibles,
« comme si elles avaient toutes frappé ses organes extérieurs, et comme
« si elle les eut aperçues dans la sphère de sa puissance visuelle par les
« yeux du corps. Elle connut en général l'ordre. l'organisation de
« l'univers, qu'elle n'avait connue auparavant qu'en ses parties ; elle
« connut distinctement les créatures qu'il contient, comme si elles se
« fussent présentées dans un tableau. Elle vit toute leur harmonie, leur
« ordre, leur connexion. la dépendance qu'elles ont entre elles, et
« comme toutes ensemble sont soumises à la volonté divine qui les a
« créés, qui les gouverne et les conserve, chacune en son lieu et être. »

Bien des raisons appellent et justifient cette science d'un caractère
si particulier.

L'une d'elles fut la parfaite connaissance que la Vierge Mère devait
avoir de la Sainte Écriture. Car dit François Querra, « elle renferme des
« exemples *qui concernent la cosmographie, la géométrie, l'architecture, la*
« *géographie, l'astronomie, la poésie, la musique, la philosophie et les*
« *autres facultés ; donc parce qu'on ne peut douter que la Sainte Vierge ait*
« *eu l'intelligence la plus parfaite du sens et des mystères de la Sainte*

---

1. Tom. II, p. 501.

« *Ecriture, on dit à juste titre qu'elle fut ornée de toutes ces facultés natu-*
« *relles que Dieu lui donna* « par accident » c'est-à-dire non nécessaire-
« ment [1] ».

La vénérable Marie d'Agréda donne cette autre raison de la science
humaine de Marie : « Il fut très convenable que la Très Sainte Vierge
« eut cette science, afin qu'elle s'en servît pour rendre à l'Auteur d'aussi
« grands bienfaits les justes actions de grâces auxquelles les anges et
« les hommes avaient manqué en ne s'acquittant pas de tout ce qu'ils
« devaient en qualité de créatures. Cette adoration fut sublime, car la
« science de Marie fut la plus sublime parce qu'étant inférieure à Dieu
« seul elle devait être *supérieure en tout à la création.* »

Ces paroles de la Vénérable Marie d'Agréda pourront servir de conclusion à la question de la science de Marie.

La dignité de la Maternité divine fut assurément la plus auguste de
toutes celles qui étaient capables de rapprocher le plus une créature de
son Dieu. Belle en sa nature surnaturelle, elle attira sur celle qui en fut
l'heureux objet une plénitude de grâce incomparable. La Trinité sainte
l'orna de dons et de vertus qui firent d'elle l'image la plus parfaite des
perfections divines. Mère de Dieu, elle fut semblable à son Fils, autant
qu'une telle ressemblance était possible à un être créé. C'est pourquoi,
puisque le Fils de Marie était aussi le Verbe de Dieu, et parce que, par
ce Verbe, Dieu le Père exprime la Science Infinie de son Etre Infini,
Marie dut recevoir au contact de ce Verbe divin la Science des choses
divines et humaines dont son Fils est le Principe éternel.

Comme lui aussi, elle communiqua sa Science aux hommes, afin qu'ils
aient la vie et qu'ils l'aient en abondance.

1. T. II, p. 47.

II

MARIE, MÈRE DU VERBE INCARNÉ ET MÈRE DES HOMMES INSTRUIT LES HOMMES

« Pour vous, ma chère enfant, dit Dieu à la Sainte Vierge, vous êtes
« mon élue, et vous avez trouvé place dans mon cœur et je vous en donne
« la possession et le domaine afin qu'étant Epouse fidèle, comme je veux
« que vous le soyez *vous le dispensiez à ceux qui me le demanderont par votre*
« *intercession, car c'est pour cela que je le mets entre vos mains* [1]. »

Le P. Lépicier, dans son beau traité *De Beata Virgine,* donne une
conclusion semblable. Après avoir parlé de la science suréminente
de la Sainte Vierge et en particulier de la science des choses divines, il
termine par cette réflexion : « La Mère de Dieu avait la connaissance des
mystères de la foi contenus dans l'Ecriture Sainte afin qu'elle put les
pénétrer, les expliquer et les persuader : *explicare, suadere.* »

Tel est le rôle de Marie dans l'enseignement non seulement des sciences
divines, mais encore des sciences humaines. Son beau nom en est
un lumineux symbole : *Maria Illuminata,* c'est la lumière de Dieu en
laquelle resplendit toute science ; *Maria Illuminatrix,* c'est cette même
lumière divine qui jaillit de l'âme de la Vierge Mère pour éclairer
d'autres âmes. Lorsque Jésus en mourant nous donna sa propre Mère
pour Mère, il assurait à nos âmes la plus prudente des vigilances et la
plus ferme des protections. Une telle donation spirituelle s'étendait sur
tout l'ordre surnaturel. Mais comme on ne se maintient dans cet ordre
que par la foi ou qu'on ne s'en approche que par la vérité, il appartenait

1. *Cité mystique,* T. III, p. 540.

à Marie, notre Mère, de conserver notre foi intacte et de nous soutenir dans toute vérité. Ce rôle de *protectrice contre l'erreur*, de *gardienne de la vérité*, *d'inspiratrice des belles choses*, était le complément logique de la Maternité divine. Il ajoutait même aux perfections de la Vierge un suprême rayon de beauté. Aussi prédestinée par Dieu à être la Mère du Verbe, Marie sera notre Mère par le Verbe; c'est-à-dire par la Vérité.

1° ROLE DOCTRINAL DE MARIE DANS L'ÉGLISE

La Tradition exprima cette admirable mission, qui ne connut jamais de déclin, sous les formes les plus belles.

La Liturgie et la Théologie s'unirent, pour acclamer à travers les siècles la Sagesse de Marie et son rôle de Maîtresse des Intelligences. L'Orient la chanta avec les splendeurs de sa riche imagination et l'Occident avec la précision de sa puissante raison [1].

Ecoutez comme l'Eglise de Constantinople, par exemple, acclame la Vierge dans le fameux « *chant debout* » composé, dit-on, en 626, par le patriarche Sergius :

3. « *Salut, article principal des dogmes,*
    « *Salut, toi qui surpasses la science des sages.*

7. « *Salut, bouche des Apôtres qui ne se tait jamais,*
    « *Salut, toi qui illumines le cœur des fidèles,*
    « *Salut, solide appui de la foi,*
    « *Salut, éclatante connaissance de la grâce,*

9. « *Salut, toi qui illumines ceux qui enseignent la Trinité mystérieuse,* .
    « *Salut, toi qui as montré le peu de sagesse des philosophes,*
    « *Salut, toi qui nous tires de l'abîme de l'ignorance,.*
    « *Salut, toi qui éclaires l'intelligence d'un grand nombre.* »

21. « Nous apercevons la Vierge sainte comme une Lampe qui nous éclaire dans les ténèbres, car en concevant la lumière immatérielle, elle *conduit tous les hommes à la connaissance divine* en éclairant l'esprit de son rayon, et tous la chantent en ces termes :

1. Plusieurs pensées, textes et développements donnés dans le Rapport présenté à Saragosse ont dû nécessairement être de nouveau proposés pour rendre plus complète la présente thèse.

« *Salut, rayon de soleil spirituel,*
« *Salut, effusion de la lumière sans déclin,*
« *Salut, éclair qui illumine les âmes.* »

Cette poésie, d'une inspiration sublime de foi, de pureté et d'amour, nous élève, comme portés sur les ailes des anges, vers le Siège de la Sagesse. Aussi, à genoux devant Celle dont les lèvres distillent le miel, et qui attire par sa parole douce comme un parfum du Liban, nous chantons avec foi et amour :

« *Salut, tabernacle de Dieu et du Verbe,*
« *Salut, arche dorée par l'Esprit,*
« *Salut, tour inébranlable de l'Eglise.* »

Avec l'Eglise grecque, nous adressons cette suppliante prière : « *Très Sainte Mère de Dieu, lumière de mon esprit, Mère de la Lumière véritable, éclairez l'œil de mon cœur.*

Vraiment « *le visage de Marie est bien le reflet du jour et quand elle parle, le soleil brille sur ses lèvres.* »

A ces chants inspirés de l'Orient, s'unit la voix des Pères et des Docteurs. Saint Ignace et saint Ephrem, saint Grégoire de Nazianze et saint Proclus, saint Augustin et saint Ambroise, saint Bernard et saint Bonaventure, le Bienheureux Albert le Grand et le Bienheureux Amédée de Lausanne, saint Thomas de Villeneuve et saint François de Sales répètent de siècle en siècle la même prière et le même « *Salut* » Tous chantent la science et l'influence doctrinale de Celle qui, « *ayant donné au monde le Soleil de Justice, a fait couler à plein lit la source d toute sagesse jaillissant de sa prairie virginale* ».

En notre temps, les Papes mêlèrent leurs accents à la Tradition.

Vicaires de Jésus-Christ, ils furent les oracles divins qui célébrèrent dans leurs admirables Encycliques, d'une doctrine si lumineuse et d'une piété si vive, les prérogatives de la Mère du Christ et en particulier son rôle dans le maintien et l'extension de la foi catholique.

1. Bienheureux AMÉDÉE DE LAUSANNE.

Léon XIII, le Pape du Rosaire, reconnaît expressément ce rôle dans l'Encyclique *Octobri mense* (22 septembre 1891) et en donne les raisons dans l'Encyclique *Adjutricem populi* (5 septembre 1895). « Parce que les dons de Dieu qui élèvent l'homme surnaturellement vers les choses éternelles ont pour fondement et pour principe la foi, c'est donc à bon droit *que pour l'atteindre et la cultiver avec fruit, on reconnaît une certaine action secrète de la Bienheureuse Vierge Marie,* qui a donné l'Auteur de la foi et qui à cause de sa foi mérita d'être appelée Bienheureuse. » — « Il ne paraîtra pas exagéré d'affirmer que *c'est surtout sous sa conduite et avec son aide que la sagesse et la doctrine évangélique, à travers des obstacles et des difficultés immenses, se sont répandues si rapidement dans l'universalité des nations,* fondant partout un nouvel ordre de justice et de paix.

« Personne ne pourra mettre en doute combien rejaillit sur la Mère de Dieu, Marie, la gloire des Vénérables Pères et Docteurs de l'Eglise qui, pour défendre ou illustrer la vérité catholique, ont produit une œuvre si remarquable. *C'est en effet de ce Siège de la divine Sagesse,* selon leur aveu reconnaissant, *que l'abondance du meilleur conseil a coulé pour ceux qui écrivaient ; c'est donc par lui,* et non par eux, *que le mal des erreurs a été vaincu.* »

L'encyclique *Fidentem piumque animum* (10 septembre 1896) rappelle la même vérité avec une précision peut-être encore une plus grande : « ... C'est pourquoi de même que l'Eglise à son berceau s'est justement unie à *Marie* dans la prière comme à la *promotrice* et à la *gardienne excellente de l'unité,* de même aujourd'hui il convient d'agir de la sorte dans tout l'Univers catholique....

« .... Unie au Christ d'une façon intime, Marie désire et souhaite ardemment qu'une même foi et un même amour unissent au Christ et entre eux les hommes gratifiés du même et unique Baptême... »

Enfin, une voix bien chère au cœur de tout catholique fit entendre la même doctrine après Léon XIII. Pie X avait reçu en héritage de son auguste Prédécesseur la même confiance en la protection de Marie pour le salut de l'Eglise. Voici ce qu'il écrivait dans la Lettre Encyclique : *Ad diem illum* (2 février 1904) à l'occasion du 50ᵉ anniversaire de la proclamation du dogme de l'Immaculée-Conception : « *Certes, s'il a été dit* « *avec vérité à la Vierge* : « Bienheureuse qui avez cru, car les choses « s'accompliront en vous ont été dites par le Seigneur, *savoir qu'elle* « *concevrait et enfanterait le Fils de Dieu ; si par conséquent elle a reçu* « *dans son sein Celui qui par nature est Vérité…, du moment que le Fils* « *de Dieu est l'Auteur et le Consommateur de notre foi, il est de toute* « *nécessité que Marie soit dite participant des divins mystères, et en quel-* « *que sorte leur gardienne et que, sur Elle comme sur le plus noble fon-* « *dement après Jésus-Christ, repose la foi de tous les siècles.....*

« *Qu'il appartienne donc à la Vierge, et à Elle par-dessus tout, de nous* « *conduire à la connaissance du Christ, personne ne peut assurément en* « *douter,* si l'on considère que seule au monde, elle eut avec Jésus, comme « il convient entre une mère et son fils, l'union la plus étroite, dans la « communauté de toit, et la familiarité intime de trente années. *Les admi-* « *rables mystères de la naissance et de l'enfance de Jésus, ceux notamment* « *qui se rapportent à son Incarnation, principe et fondement de notre foi, à* « *qui ont-ils été plus amplement développés qu'à sa Mère? Non, personne* « *au monde comme elle n'a connu Jésus, personne n'est meilleur Maître et* « *meilleur Guide pour bien connaître Jésus* ».

L'histoire de l'Eglise réalisa avec une perfection toute divine ce rôle admirable de Celle qui devait écraser la tête du serpent. La doctrine de l'Eglise sur l'influence doctrinale de la Sainte Vierge ne fut pas un simple exposé théologique ou un chant de l'âme, mais Dieu la fit éclater dans les faits.

Presque au début du christianisme, Marie devint l'argument principal sur lequel s'appuyèrent les Pères de l'Eglise pour affirmer et prouver ce qu'est Jésus-Christ. Les hérésies des premiers siècles semblaient n'avoir qu'un seul but : dénaturer la personne de Jésus-Christ soit pour ne reconnaître que sa divinité en niant son humanité, soit pour exalter son humanité en niant sa divinité, soit pour ne considérer dans la personne de l'Homme-Dieu qu'une simple et transitoire juxtaposition des natures divine et humaine, laquelle aurait eu lieu non à l'instant même de la conception du Christ, mais peu après cette conception, ou même seulement durant la vie publique de Jésus.

Or, toutes les hérésies relatives à la personne de l'Homme-Dieu ont été combattues et condamnées par l'affirmation positive des privilèges de Marie. La *Maternité* de Marie est défendue par saint Polycarpe, saint Ignace d'Antioche, saint Justin, saint Irénée, Tertullien, saint Hippolyte, Origène..... Or, défendre la Maternité de Marie, c'est défendre l'Humanité de Jésus.

La conception virginale du Christ dans le sein de Marie est enseignée par saint Ignace, saint Justin, Tertullien, saint Hippolyte. Or, enseigner une telle conception, c'est affirmer la divinité du Fils de Marie.

Le Concile d'Ephèse, en 431, condensa la pensée des apologistes chrétiens en une formule et proclama comme dogme de foi que la Sainte Vierge est « *Mère de Dieu* » car elle *enfanta le Verbe fait chair*. Or, une telle affirmation contient rigoureusement le vrai caractère de l'Homme-Dieu.

D'où il suit que l'*Humanité* de Jésus-Christ est prouvée par la *Maternité* de Marie ; sa *Divinité* par la *Virginité* de Marie, son *Union hypostatique* par la *Virginité* et la *Maternité* de Marie.

La Vierge Mère avait donc sauvé la croyance en son divin Fils.

Son action ne fut pas moins manifeste au siècle dernier. Marie sauva la foi au péché originel, à l'ordre surnaturel et à l'autorité divine de l'Eglise.

Le péché originel avait été combattu soit par le pélagianisme, soit par le protestantisme, soit par le rationalisme moderne ; mais ces erreurs n'étaient jamais restées sans réponse ni condamnation. Une dernière condamnation devait les réduire à néant pour toujours. L'Eglise le fit en proclamant le *dogme de l'Immaculée-Conception*. C'était en 1854. Or, affirmer un tel privilège, c'était, du même coup, affirmer l'existence du péché originel, et par là même expliquer la raison de l'Incarnation et de la Rédemption. Ainsi, l'économie du plan rédempteur s'éclairait de nouveau à la lumière d'un dogme marial. C'est ce qui ressort de l'enseignement même de Pie IX quand il proclama cette vérité de foi.

Depuis lors la question fut plusieurs fois reprise.

Les 6, 7, 8 décembre 1900 se célébrait un triduum à l'église de Notre-Dame des Victoires. Alors le vénéré Cardinal Richard écrivant une lettre, à Monsieur le Curé de cette paroisse disait : « La source de toutes les « erreurs, de toutes les hérésies, c'est l'orgueil de l'homme qui ne veut pas « soumettre à l'autorité de Dieu son intelligence ni son cœur. Or la Très « Sainte Vierge a remporté le triomphe sur toutes les erreurs dans leur « principe, quand elle a prononcé la parole par excellence de l'humilité : « *Ecce ancilla Domini, fiat mihi secundum verbum tuum.* C'est parce que « Dieu a regardé l'humilité de sa servante que toutes les générations la « proclameront Bienheureuse. En suivant l'histoire de l'Eglise nous « voyons la Très Sainte Vierge choisie par Dieu pour détruire les unes « après les autres toutes les hérésies. Il nous suffit aujourd'hui de remar-« quer comment elle se vérifie sous nos yeux.

« La grande erreur de notre siècle, c'est la négation de l'ordre surnatu-« rel. L'homme, dans son orgueil, prétend se suffire à lui-même ; il ne « reconnaît pas la déchéance originelle et ne veut pas rendre gloire à « Dieu. Il ne confesse pas le besoin qu'il a un d'un Rédempteur ; mais les « rêves de son orgueil ne l'empêchent pas de subir les douloureuses consé-« quences du péché originel et les infirmités de la nature.

« De là tant d'âmes qui souffrent d'amères déceptions et qui gémissent « dans la douleur, parce qu'elles n'ont pas la vérité qui les délivre de la « vanité des choses humaines et des défaillances du péché. Or, la Très « Sainte Vierge triomphe de ces erreurs dans la double invocation qui lui « est adressée par les âmes qui recourent à Elle. Quand nous disons : *O* « *Marie, conçue sans péché, priez pour nous qui avons recours à vous,* « nous confessons que le genre humain est sous la malédiction du péché « originel et que la gloire de Marie est d'en avoir été exemptée par la misé-« ricorde de Dieu, en vue des mérites de Jésus-Christ, son divin Fils...

« L'invocation : *O Marie, Refuge des pécheurs, priez pour nous,* « achève la manifestation du triomphe de Marie sur les erreurs contempo-« raines ; triomphe sur l'orgueil insensé de l'homme qui ne veut pas « reconnaître le souverain domaine de Dieu... C'est ainsi que la proclama-« tion du dogme de l'Immaculée-Conception est le grand triomphe de

« Marie et nous pouvons à la fin du xixe siècle répéter : « *Réjouissez-vous,*
« *ô Vierge Marie, vous avez seule détruit les hérésies du monde entier* ».

Sa Sainteté Pie X a magistralement développé la même thèse dans
l'Encyclique *Ad diem illum* (2 février 1904) « D'où partent en réalité les
« ennemis de la religion pour semer tant et de si graves erreurs dont la
« foi d'un si grand nombre se trouve ébranlée? Ils commencent par nier
« la chute primitive de l'homme et sa déchéance. Pures fables donc que
« la tache originelle et tous les maux qui en ont été la suite : les sources
« de l'humanité viciées, viciant à leur tour toute la race humaine, par
« conséquent le mal introduit parmi les hommes et entraînant la néces-
« sité d'un Rédempteur. Tout cela rejeté, il est aisé de comprendre qu'il
« ne reste plus de place ni au Christ, ni à l'Eglise, ni à la grâce, ni à quoi
« que ce soit qui dépasse la nature. C'est l'édifice de la foi renversé de
« fond en comble. Or, que les peuples croient et qu'ils professent que la
« Vierge Marie a été dès le premier instant de sa Conception préservée
« de toute souillure, dès lors, il est nécessaire qu'ils admettent la faute
« originelle et la réhabilitation de l'humanité par Jésus Christ, et l'Evan-
« gile et l'Eglise, et enfin la loi de la souffrance, en vertu de quoi tout ce
« qu'il y a de rationalisme et de matérialisme au monde est arraché par
« la racine et détruit, et il reste cette gloire à la sagesse chrétienne
« d'avoir conservé et défendu la vérité !

« De plus, c'est une perversité commune aux ennemis de la foi, sur-
« tout à notre époque, de répudier et de proclamer qu'il faut répudier
« tout respect et toute obéissance à l'égard de l'autorité de l'Eglise, voire
« même de tout pouvoir humain, dans la pensée qu'il leur sera plus
« facile, ensuite de venir à bout de la foi. C'est ici l'origine de l'anar-
« chisme, doctrine la plus nuisible et la plus pernicieuse qui soit à toute
« espèce d'ordre naturel et surnaturel.

« Or une telle peste, également fatale à la société et au nom chrétien,
« trouve sa ruine dans le dogme de l'*Immaculée-Conception de Marie* par
« l'obligation qu'il impose de reconnaître à l'Eglise un pouvoir devant
« lequel doit plier non seulement la volonté, mais encore l'esprit. Car

« c'est par l'effet d'une soumission de ce genre que le peuple chrétien
« adresse cette louange à la Vierge : *Vous êtes toute belle, ô Marie, et la*
« *tache originelle n'est pas en Vous.* »

Tel fut donc le rôle de Marie, telle fut son influence doctrinale. La
Vierge Mère qui avait donné sa chair virginale pour former le corps de
Jésus, devait veiller sur l'Eglise, corps mystique de son Fils bien-aimé.
Le Cœur d'une telle Mère ne pouvait battre que d'un seul amour, l'amour
de son Fils ; dans son âme ne pouvait prendre place qu'une seule sollicitude : celle d'assurer le salut des hommes rachetés par l'Incarnation et
la Rédemption de son Fils. Elle avait du reste reçu cette douce mission
de son Fils même quand elle fut donnée à saint Jean comme Mère :
Ecce Mater tua, Ecce filius tuus. Ces deux paroles qui ne traduisent
qu'une même pensée sous la forme la plus délicate, marquent nettement
ce que sera Marie pour les âmes jusqu'à la fin des temps. Mais, parce que
Marie, à qui Jésus avait confié les Apôtres et les prémices de l'Eglise
naissante, manifesta sa Maternité spirituelle non seulement par la grâce,
mais encore par la préservation de toute erreur et la conservation de la
vérité divine, on peut dire qu'elle a ce même rôle dans le domaine de la
sagesse humaine. Comme l'erreur avait produit la faute d'Adam et d'Eve,
Marie n'eut rien tant à cœur que d'assurer le salut de ses enfants par la
vérité.

Instruite par Dieu des choses divines, elle conserva ces mystères dans
son cœur, mais ce fut pour les manifester à l'Eglise à l'heure voulue par
Dieu. *Instruite par Dieu des choses humaines,* elle les conserva de
même dans son cœur, mais ce fut aussi pour les révéler à l'heure de la
grâce.

Son but était alors de préparer à la foi ou de la défendre, en dirigeant
les esprits et les volontés dans les chemins de la véritable science.

2° RÔLE DE MARIE DANS L'ÉTUDE ET L'ENSEIGNEMENT DES SCIENCES HUMAINES.

La science est une perfection divine. Dieu s'est appelé lui-même l'Auteur de tout savoir, et l'Écriture renferme sur la science ou la sagesse les plus profondes pensées. Savoir, n'est-ce pas pénétrer dans la nature des choses pour connaître leur origine, leur essence, leur fin ? L'infiniment grand et l'infiniment petit s'étendent devant notre intelligence, comme un large océan dont on admire l'immensité sans pouvoir en découvrir les limites.

Mais au sein de ce double infini, l'esprit humain se joue comme en une pure lumière, car tout y est beauté et harmonie, tout y a sa puissance ou sa grâce. Les êtres ont leur forme d'une riche organisation ; les phénomènes, des lois qui en règlent le cours ; les mondes, une activité que cache seul un silence bien fait pour mieux les comprendre et mieux les admirer. Et ainsi, par un élan tout spontané, l'âme monte vers l'Auteur de toute perfection, et de Dieu redescend vers le monde pour l'étudier à la lumière divine. De cette ascension vers Dieu et de ce retour de Dieu vers le monde, résulte la véritable science, celle qui repose sur des principes vrais, émanés du Principe éternel de toute vérité. Ainsi donc, la véritable science se caractérise par l'universalité de son objet : le monde et Dieu, et par son attitude vis-à-vis de la foi qui doit en être la règle directrice et comme le souffle vivifiant.

Mais si l'idéal est si beau, on ne pourra l'atteindre qu'à la condition de ne pas se tromper sur le choix des moyens. Or, ce qui les met en œuvre, c'est l'enseignement. Telle est la délicatesse de sa tâche et la grandeur de sa responsabilité. D'un enseignement vrai sort la véritable science humaine ; et alors, quelle richesse de biens pour l'individu, la famille, la société, l'Église ! D'un enseignement erroné sort la fausse science ; et alors, quelles misères pour toute vie, quelle déchéance pour toute société : famille ou nation ; quelles luttes et quelles persécutions pour l'Église !

Aussi bien avons-nous besoin d'être protégés, gardés, inspirés. Jésus nous offre sa Mère. Elle sera la *protectrice*, la *gardienne*, l'*inspiratrice de nos Études*. Elle les rendra belles et bonnes par le vrai savoir en Dieu, avec Dieu et pour Dieu.

Quelles sont donc les conditions du vrai savoir ? Elles sont intellectuelles et morales et peuvent toutes se résumer en cette belle parole de saint Paul : *Non plus sapere quam oportet sapere, sed sapere ad sobrietatem* (*Rom.*, xii, 3.) Il y a différentes manières de savoir, mais la seule, la vraie, est celle qui consiste à connaître ce qu'il faut et comme il faut.

Trop savoir, c'est savoir plus que la divine Bonté ne le veut, et cela est manque de prudence ou d'humilité.

Mal savoir, c'est s'exposer à l'erreur ou même à l'hostilité et cela est manque de rectitude ou de docilité.

Ne pas assez savoir, c'est compromettre sa foi, son avenir, et cela est manque de lumière intellectuelle ou de force morale.

Aussi que de maux sortent d'une science qui pèche par excès ou par défaut, ou qui se trouve viciée à sa base par une mauvaise direction.

L'intelligence peut parfois paraître supérieure en raison même des choses qu'elle s'est assimilées. Combien souvent une telle supériorité est factice !

Là où il n'y a que des idées incomplètes règne une immense stérilité intellectuelle. Pour donner de l'élan à un esprit, il faut qu'on puisse lui montrer non pas une foule d'idées, mais un certain nombre de vérités avec leurs relations, le tout bien approprié à cet esprit.

On peut même dire que, plus un esprit est capable de grouper ses idées autour de quelques idées fondamentales et de rattacher celles-ci à une idée supérieure qui en soit le principe, plus cet esprit est puissant.

Or, une telle science réduite à l'unité, répondant à la tendance naturelle de l'intelligence humaine vers l'unité dans la vérité, n'est qu'une image imparfaite de la science de Dieu, infinie dans son unité. Tout vrai savoir doit donc se composer de connaissances complètes, précises, bien ordonnées.

Là où il y a des idées erronées se produit un trouble qui atteint non-seulement l'esprit, mais encore la volonté et le cœur, car les idées ont une puissante force sur l'âme. C'est à elles que la volonté emprunte la lumière pour se diriger, et nos sentiments leur énergie pour se manifester. On voit donc combien il est nécessaire de donner des idées justes, saines, fécondes.

Cette nécessité s'impose avec d'autant plus de force que l'esprit contemporain est comme imprégné par le sophisme.

Or, puisqu'une idée fausse ou incomplète ne se corrige que par l'idée vraie et complète, l'enseignement devra donner aux intelligences faussées non seulement la vérité, mais encore la manière de la garder.

Que faut-il donc pour arriver au vrai savoir et s'y maintenir ?

Une âme en qui il y a lumière et force : lumière d'intelligence pour connaître, force de volonté pour rechercher la vérité et la conserver intacte.

C'est ici que surgissent les difficultés, car il s'agit de mettre ces facultés en œuvre. Il y a tant d'écueils !

D'une part, il faut une facilité suffisante pour arriver à la vérité et une mémoire apte à la retenir. D'autre part, à ces conditions générales, d'ordre intellectuel, s'en ajoutent d'autres, d'ordre moral, non moins importantes et précises.

La première qui s'impose avant tout est la docilité à suivre la direction donnée. Mais, comme elle est le résultat d'une volonté droite et humble, que de vertus ne suppose-t-elle pas !

Elle a pour compagnes la prudence et l'humilité ; la prudence qui garde de toute présomption, l'humilité de tout sentiment d'orgueil. Prudence et humilité assurent en outre la persévérance dans l'effort, car avec elles il n'y a ni déception, ni découragement.

La pureté du cœur les soutiendra à son tour. La volonté ne subissant aucune commotion, l'intelligence sent la douce influence de ce calme et sa lumière n'en reste que plus vive et plus pure.

Saint Augustin avait bien vu le mal intellectuel que produit l'orgueil.

« *Si superbia non esset, non essent hæretici neque schismatici* ». (*De vera religione*).

Le Cardinal Richard avait exprimé la même pensée dans sa lettre citée plus haut.

« Et Jésus-Christ avait fortement indiqué l'influence de la volonté sur l'intelligence et par conséquent sur la vérité ou l'erreur lorsqu'il dit : « *Qui male agit, odit lucem.* » (JOA. III, 20).

D'où nous viendra ce secours intellectuel et moral pour bien savoir ?

La réponse découle de tout ce qui a été dit. *Ce secours nous viendra de la Sainte Vierge. Elle sera notre protectrice contre toute erreur et la gardienne de la vérité.* Toute pénétrée de la science des choses divines et humaines, la Vierge Mère peut diriger les esprits et les cœurs dans la voie de la vérité.

Elle le veut aussi. Mère de Jésus, elle a pensé à Jean-Baptiste, à l'enfant de sa cousine. Sa charité la conduisit au lieu béni de la Visitation, unir sa reconnaissance et sa foi à la foi et à la reconnaissance de sainte Elisabeth.

Mère des hommes, Marie pense à l'âme de tous, et en particulier à celle de l'enfant. Elle n'est pas mère pour en avoir seulement le titre ; elle en a les devoirs. Aussi par Elle « la miséricorde et donc toute faveur divine s'étendra de race en race sur ceux qui craignent le Seigneur. » C'est cette pensée que Bossuet a développée ainsi dans un sermon sur la dévotion à la sainte Vierge : « Dieu ayant une fois voulu nous donner Jésus-Christ « par la Sainte Vierge, cet ordre ne se change plus, et les dons de Dieu « sont sans repentance. Il est et sera toujours véritable qu'ayant reçu « par Elle une fois le principe universel de la grâce, nous en recevions « encore par son entremise les diverses applications dans tous les états « différents qui composent la vie chrétienne. »

L'une de ces applications est l'Enseignement, non plus l'enseignement restreint, mais l'enseignement à tous ses degrés ; car la vérité est une et sa lumière brille des mêmes rayons pour tous. A lui donc de recourir à la Très Sainte Vierge : elle saura faire pénétrer dans les âmes quelques parcelles de ces vérités divines et humaines qui ornaient son intelligence.

N'est-ce pas elle qui fit connaître Jésus à sainte Catherine d'Alexandrie ? N'est-ce pas elle qui donna au bienheureux Albert le Grand les puissantes facultés qui ont fait de lui le maître de saint Thomas d'Aquin ? N'est-ce pas elle qui, favorisant saint Joseph de Cupertino à son examen canonique, lui permit d'arriver au sacerdoce.

On pourrait résumer toute la série des bienfaits d'ordre intellectuel accordés par la Vierge Marie en disant avec le Père Eymard : « ..... Partout, j'ai réussi ; je le dois à Elle, à Elle seule ». C'est ainsi que, dans le domaine de la foi comme dans la culture des facultés, Marie se montre visiblement notre protectrice.

Mais pour atteindre le vrai savoir, il faut encore des qualités morales. Or Marie en est l'exemplaire le plus beau. Elle en sera par là même la protectrice la plus fidèle.

Prudente et humble, la Vierge de Nazareth apprend la prudence et l'humilité ; pure et immaculée, elle inspire et soutient la pureté du cœur, condition d'une intelligence éclairée ; soumise à la volonté de Dieu, elle montre la beauté d'une volonté droite devant laquelle s'efface toute présomption et vaine curiosité.

A l'âme pure, humble, aimant la vérité et consacrant tous ses efforts pour la posséder, Marie répond par une protection toute maternelle. L'exemple suivant en sera la preuve la plus touchante. Emprunté à la vie de saint Clément Hofbauer, il aura un intérêt d'actualité dans la ville de Salzbourg où l'on se propose de fonder une Université catholique.

Nés de parents chrétiens, mais peu aisés, saint Clément Hofbauer garda de son éducation première une foi très vive et un ardent amour du travail. Tour à tour porteur de pain à Znaïm, valet de chambre à Brück, solitaire à Pölz, garçon boulanger à Vienne, ermite à Tivoli, il devient enfin étudiant à l'Université de Vienne. Là le rationalisme avait envahi toutes les branches de l'enseignement, même la théologie.

Le jeune étudiant resta pur au milieu de la perversion générale, et sa foi brilla au sein de l'irréligion et du sophisme. Il vint à Rome où il trouva dans la doctrine de l'Eglise l'aliment de sa foi, et dans la vie religieuse et le sacerdoce la plus belle réalisation de ses plus chères espérances. Dans cette vie, d'apparence tourmentée mais que guidait sans cesse l'amour de la vérité joint à la pureté du cœur et à l'humilité de l'esprit, la Vierge Marie manifesta sa protection que les vertus de notre Saint avaient si bien méritée.

Protectrice contre l'erreur, gardienne de la vérité, Marie est encore *l'inspiratrice des belles choses.*

Si l'homme recherche le Vrai, il est aussi attiré vers le Beau.

Exprimer le Beau, tel est le but de l'art. Mais cette expression du Beau suppose la contemplation et l'amour du Beau. Ce double rayon en fait la splendeur.

Voir le Beau, non plus seulement sous sa forme sensible mais en son âme, l'aimer dans son pur idéal, telle est la marque du véritable artiste. Une âme doit passer au travers des formes sensibles et faire réfléter ce qu'il y a en elle de divin. Aussi le grand art repose-t-il sur une grande doctrine. Plus une doctrine est certaine, plus l'art reste fort ; plus elle est vaste, plus il est puissant. L'inspiration du génie est créatrice dans la mesure où l'idée qui la vivifie est belle et féconde. Cette loi profonde marque nettement la séparation de l'art païen et de l'art chrétien. Et d'où vient cette supériorité du christianisme sur le paganisme, sinon de la différence d'idéal ? Dans l'art païen, c'est la perfection de la forme sensible ; dans l'art chrétien c'est la beauté de l'homme transfiguré par la grâce, c'est la beauté du Christ, le plus beau des enfants des hommes.

Près du Christ paraît un autre idéal qui resplendit comme un soleil au-dessus de toutes les beautés créées. « La voyez-vous, dit le Père Félix, « cette incomparable figure, brillant comme la plus belle étoile au firma- « ment de la sainteté chrétienne ? Quelle fleur de beauté ! quel nimbe de « sainteté ! quels rayons de pureté ! quels parfums d'innocence ! quels

« charmes d'harmonie ! quelle candeur de simplicité ! quelle splendeur de
« virginité ! et dans cette simplicité et cette virginité, quelle maternelle
« divinité ! quelle royale majesté ! quelle vierge et quelle mère ! quelle
« femme couronnée d'étoiles, vêtue de soleil, planant dans une lumière
« céleste, si haut et si loin, par delà toutes les autres beautés créées ! Ah ! je
« la reconnais, c'est la beauté humaine, mais la beauté humaine telle
« qu'elle apparaît avec sa splendeur matinale, dans l'aube de la création.
« *C'est la beauté toute pure, la beauté sans tache, c'est la beauté vraiment*
« *immaculée.* »

Un tel idéal devait nécessairement attirer le génie. A un saint Grégoire, Marie inspira ses fortes et suaves mélodies, à un saint Bernard ses considérations mystiques si élevées, à un Jean de Beauce son sublime poème de la cathédrale de Chartres, à un Fra Angelico ses fresques d'une grâce divine.

On ne peut tout citer, mais on comprendra sans peine avec quelle sollicitude Marie veilla sur l'art chrétien, qui devait en ses formes les plus variées chanter les gloires et les souffrances de son divin Fils et préparer des sanctuaires où se continuerait l'œuvre de la Rédemption.

Aussi avec quel bonheur pouvons-nous faire nôtre ce chant d'enthousiasme du Père Félix : « Ah ! qui dira jamais tout ce qu'un regard
« d'amour jeté sur ce front royal et virginal, siège radieux de la grâce
« et de la majesté a pu pour épurer, élever et perfectionner le génie de
« l'art !... O Vierge Mère, laissez-moi vous saluer en passant comme la
« *véritable inspiratrice des artistes chrétiens.* O type immaculé de
« beauté humaine, gravez-vous, gravez-vous dans l'âme des artistes
« mes frères ! Que cette image de votre beauté empreinte dans leur âme
« se réfléchisse dans leurs œuvres... Beauté humaine la plus rapprochée
« de la beauté divine ! *Beauté qui inspire depuis des siècles et inspirera*
« *jusqu'à la fin du monde le vrai génie de l'art,* tant qu'il se rencontrera
« sur la terre des chrétiens pour s'écrier, en se prosternant de respect et
« d'amour devant la Mère de Dieu : *Ave Maria, gratia plena*[1]. »

1. P. Félix, *Progrès par le Christianisme*, 1867, p. 337.

Telle est donc la belle et immaculée inspiration de l'art. L'art ainsi purifié et élevé n'est plus un passe-temps ou un moyen de développer certaines dispositions naturelles ; il a un rôle plus noble : celui d'achever la perfection morale de l'homme.

En retour, Celle qui est choisie comme l'Idéal de l'art humain, après le Christ, répand dans l'âme de l'artiste l'inspiration qui l'aidera à exprimer la Beauté que son esprit a conçue.

Tel est donc le rôle de Marie dans l'expression du Beau, comme dans la science de la vérité divine et humaine. Protectrice contre toute erreur, gardienne de la vérité, inspiratrice des belles choses, telle nous apparaît Marie et c'est à cause de ce rôle si spécial que nous pouvons refaire toute chose dans le Christ : *Instaurare omnia in Christo.*

Cette doctrine fondée sur les privilèges de Marie, Mère de Dieu, soutenue et développée par les Docteurs et les Papes, ne pouvait rester stérile. C'est d'elle que naquit la *dévotion à Notre-Dame des Bonnes Etudes.*

Le rapprochement entre la doctrine sur le rôle de Marie au point de vue qui nous occupe et cette dévotion nous montrera clairement la légitimité de cette dernière.

III

LEGITIMITÉ DE LA DÉVOTION
A NOTRE-DAME DES BONNES ÉTUDES.

La dévotion à *Notre-Dame des Bonnes Etudes* a pour but d'obtenir par la prière que les études soient belles et bonnes selon le monde, mais fondées sur les principes de la foi.

Que faut-il, en effet, entendre par ce mot : Bonnes Etudes ? Tout ce qui concourt au développement, au perfectionnement, au jeu correct de la raison humaine appliquée, non aux seules choses de ce monde qui passe, mais à tout ce qui la rend plus apte aux choses qui demeurent, et qui constituent le fonds permanent de l'esprit humain, c'est-à-dire éternelles.

En ce sens, on ne peut restreindre le champ d'action de *Notre-Dame des Bonnes Etudes* aux seules matières religieuses révélées. Ce serait confondre la raison, l'instrument, avec l'objet de son action. Si la raison est une fois faussée, de même que toute œuvre résultant de l'action d'un instrument mal accordé sonnera faux plus ou moins, ainsi tout acte de la raison sera plus ou moins en accord avec le vrai. On l'a dit : La philosophie est la servante de la théologie. Celle-ci sert de diapason et il faut que celle-là s'accorde avec elle, sous peine de discordance criarde et d'accord plus ou moins grossier. Et il en est de même de toute science vis-à-vis de la foi. Il en résulte donc que la *dévotion à Notre-Dame des Bonnes Etudes* a pour objet tout savoir de quelque ordre qu'il soit.

En outre, par cette dévotion, on demande à la Sainte Vierge de cultiver nos facultés. Celles-ci sont nécessaires dans tout domaine scientifique, littéraire et artistique. Elles ne sont réservées à personne, ni à aucun ordre de savoir humain. Théologien et philosophe, poète et historien, savant et artiste, tous ont besoin de ces facultés. Elles peuvent avoir une portée plus ou moins grande et un but différent, mais leur nature reste la même et elles s'imposent à quiconque se livre à la recherche du vrai et du beau.

La légitimité de la *dévotion à Notre-Dame des Bonnes Etudes* est donc certaine, et cette légitimité se manifestera avec plus d'évidence encore si l'on veut examiner comment cette dévotion s'harmonise avec le sujet même de cette thèse.

Considérons ce qui est la forme sensible de la *dévotion à Notre-Dame des Bonnes Etudes*, c'est-à-dire l'*image*, la *médaille* et la *prière*[1]. On y verra l'idée féconde qui a fait naître et se développer cette dévotion, et ce qu'il faut pour acquérir la science belle et bonne.

L'image nous présente la Vierge Mère avec l'Enfant Jésus. Le but de la *dévotion à Notre-Dame des Bonnes Etudes* n'est-il pas de faire connaître Jésus-Christ, Verbe de Dieu? Les travaux intellectuels ne doivent-ils pas porter le sceau de notre foi? Or le Verbe est la lumière de toute intelligence, car il est la Parole de Dieu infiniment vraie. Il doit donc illuminer toute intelligence qui se livre à la recherche de la vérité divine ou humaine. Il y a en toute science un rayon de Dieu, car toute vérité scientifique n'est qu'une parcelle de la vérité infinie. Aussi, sur *l'image* de *Notre-Dame des Bonnes Etudes* l'Enfant Jésus laisse-t-il glisser de sa main une banderole sur laquelle on lit : « *Lumen æternum mundo effudit.* »

Mais qui donc a donné le Verbe? La Très Sainte Vierge Marie. Elle doit avoir par conséquent une participation à la diffusion de la lumière éternelle dans les âmes. C'est pourquoi elle offre son divin Enfant, en tenant dans sa main droite le *sceptre*, insigne de la souveraineté de la Mère de Dieu, et retenant doucement la banderole, comme pour montrer que son union intime avec le Verbe existe encore dans la diffusion de la Vérité, en raison même de sa Maternité divine.

1. Voir la note de la page 26.

La *dévotion à Notre-Dame des Bonnes Etudes* exprime donc bien que la Sainte Vierge est la *Souveraine de nos esprits* comme de nos volontés.

Elle manifeste sa royauté intellectuelle et morale comme protectrice contre l'erreur, gardienne de la vérité et inspiratrice de l'intelligence.

Protectrice contre l'erreur, *Notre-Dame des Bonnes Etudes* foule aux pieds le serpent infernal qui se glisse à travers les mauvais livres : *Libri prohibiti pravæ doctrinæ*.

Gardienne de la vérité et inspiratrice de l'intelligence, *Notre-Dame des Bonnes Etudes* exerce cette double influence dans l'ordre de toutes les connaissances sacrées et profanes que l'esprit humain peut acquérir.

Considérons, en effet, le gracieux symbole des attributs qui ornent son image. A droite, les symboles des sciences et des lettres ; à gauche les symboles des arts. C'est d'abord un petit feuillet sur lequel on lit les éléments de la lecture : *a b c d*, etc. Il représente les premiers rudiments, pour l'étude desquels on a déjà besoin du secours de *Notre-Dame des Bonnes Etudes*. Trois livres unis ensemble : *Biblia sacra, De civitate Dei, Opera S. Thomæ*, et à côté les saints Evangiles ouverts à la première page de l'Evangile de Saint Jean : *In principio erat verbum*, figurent le résumé des sciences et des lettres sacrées et profanes.

La sphère et le télescope signifient les sciences physiques.

Pour les arts, une palette symbolise la peinture ; une colonne, l'architecture ; une lyre et un orgue, la musique. Sur la mélodie profane, on chante *Sancta Catharina, studiorum nostrorum patrona, ora pro nobis*, comme pour bien montrer quelle doit être la vraie source de l'inspiration, et sur une mélodie sacrée du plain-chant grégorien, on chante : *Ave Maria, lux luminum*. Enfin, sur un parchemin, on lit l'invocation : *Sancte Thoma, Scholarum catholicarum patrone, ora pro nobis*, pour rappeler que l'Eglise a proclamé l'Ange de l'Ecole « *Protecteur des Ecoles catholiques*. »

C'est ainsi que *Notre-Dame des Bonnes Etudes* inspire le savant parce qu'elle peut dire comme la Sagesse : « *Seule, j'ai parcouru le cercle du* « *Ciel. Et je me suis promenée dans les profondeurs de l'abîme*. » C'est ainsi que *Notre-Dame des Bonnes Etudes* inspire l'artiste, car elle est le reflet le plus pur de la beauté de Dieu. Au savant, elle facilite l'accord de la science et de la foi ; à celui qui scrute les lettres sacrées ou profanes, elle enseigne la véritable pensée de Dieu et sa véritable intervention en ce monde ; à l'artiste, elle inspire la seule beauté qui ne passe pas.

La *Médaille* actuelle de *Notre-Dame des Bonnes Etudes* reproduit l'image avec l'Invocation.

Au verso on voit une colombe qui environnée de rayons lumineux, plane sur le monde et y répand la lumière. Autour de cette image symbolique, on lit cette pensée empruntée aux livres Saints : « *Erant perseverantes in oratione cum Maria.* »

L'image de la colombe symbolise l'Esprit Saint et son action illuminatrice sur les âmes. Les paroles expriment le moyen de recevoir les lumières de l'Esprit Saint : la prière persévérante en union avec Marie.

L'Esprit d'amour aime la vérité et, parce qu'il l'aime, Il veut la répandre. La vérité comme le bien n'a-t-elle pas un pouvoir rayonnant? Aussi, la vérité aimée de l'Esprit divin aura son rayonnement par Lui. Le Maitre lui-même promit à ses apôtres l'action illuminatrice du Paraclet. Sa promesse s'est réalisée, et l'assistance de l'Esprit Saint est devenue le gage de l'infaillibilité doctrinale de l'Eglise, en même temps qu'elle assurait au sens catholique sa rectitude et sa vérité. Consciente de cette influence divine, l'Eglise chante avec une foi intense et un amour ardent son *Veni Creator Spiritus* ou son *Veni Sancte Spiritus*. C'est donc bien la prière et le chant de l'Eglise que répètent, comme un cri de ralliement autour de la vérité, les âmes qui étudient ou enseignent, lorsque, de tout cœur, elles disent l'invocation gravée sur la médaille : *Veni sancte Spiritus doce nos.*

Que nous enseignera l'Esprit Saint? Trois choses: *Bonitatem ; disciplinam ; scientiam.*

Bonitatem, la bonté, qui, attirant les âmes, y fait pénétrer la vérité avec force et douceur

Disciplinam, la discipline, qui règle l'activité de l'intelligence et dirige la volonté.

Scientiam, la vraie science, qui n'est digne de ce beau nom que si elle puise ses principes dans la source infinie de la science : Dieu.

Ainsi, sous l'action de l'Esprit-Saint, se perfectionne l'âme tout entière : cœur, esprit, volonté. Or, une telle perfection intellectuelle et morale est seule le secret, la force, la fécondité du véritable savoir. Ces paroles d'une signification si profonde trouvaient donc leur place sur la *médaille de Notre-Dame des Bonnes Etudes*. La prière du psalmiste devenait ainsi la prière de la vraie science.

Mais pour montrer combien, sur ce point encore, la *dévotion à Notre-Dame des Bonnes Etudes*, jusque dans ses symboles et son expression, — est conforme à la pensée de l'Église, qu'on nous permette d'ajouter l'anecdote suivante.

Un évêque de France demandait un jour au Saint-Père quelles paroles il pourrait rapporter à ses séminaristes comme mot d'ordre de Sa Sainteté. Le Pape écrivit simplement ces mots : *Bonitatem, disciplinam, scientiam.*

Telle est la devise que le Souverain Pontife Pie X répète fréquemment aux étudiants ecclésiastiques ; telle doit être la devise de toute âme qui se livre à la science, soit pour l'acquérir, soit pour la faire rayonner par l'enseignement.

Aussi bien la pensée du Souverain Pontife se confondant avec la pensée exprimée sur le revers de la *médaille*, il se dégage de cette harmonie providentielle l'assurance que la *dévotion à Notre-Dame des Bonnes Etudes* répond à la doctrine de l'Église et aux nécessités contemporaines ; on comprend ainsi le secret de sa rapide propagation, et l'on peut par là même concevoir les plus précieuses espérances pour l'avenir de la vraie science et du véritable enseignement.

Enfin la *Prière à Notre-Dame des Bonnes Etudes* marque bien les conditions requises pour faire de belles et bonnes études.

Tout d'abord, on prie la Sainte Vierge de nous aider à être instruits. Les esprits n'ont pas tous les mêmes facilités pour réussir dans leurs études. Il y a donc un secours spécial à obtenir : « *Très Sainte Vierge Marie, vous qui avez enfanté le Sauveur Jésus, la lumière éternelle du monde, Mère de la divine science, Vous dont la pieuse intercession a obtenu si souvent à beaucoup d'esprits encore incultes et ignorants de faire de merveilleux progrès dans la science et dans la piété, je vous choisis pour la Patronne et la Protectrice de mes études. »*

En outre, la science belle et bonne en toutes choses est le résultat d'une riche harmonie des qualités d'esprit et de cœur. Aussi demande-t-on à la Sainte Vierge de nous accorder ces qualités.

« *Que par votre intercession, ô Notre-Dame des Bonnes Etudes, l'Esprit-Saint me remplisse de lumière et de force, de prudence et d'humilité.* » La lumière, pour connaître la vérité; la force, pour se donner tout entier à l'étude, au travail personnel ; la prudence, pour ne pas s'exposer aux dangereuses nouveautés, l'humilité, pour bien recevoir la vérité enseignée.

« *Qu'il me donne une volonté droite, l'intelligence, la mémoire, la facilité* « *suffisantes et surtout la docilité de l'esprit et du cœur.* » Une volonté droite, pour travailler sans cesse à réformer en nous ce qui porterait atteinte à la science belle et bonne ; l'intelligence, qui rend apte à bien comprendre la vérité; la mémoire où l'on dépose des connaissances justes, solides et vraies qui seront profondes ; la facilité, afin de bien préparer l'avenir par le travail et le succès, mais dans une entière dépendance des desseins de Dieu ; la docilité d'esprit et de cœur, afin que « *je puisse* « *progresser en toutes choses selon les desseins de la divine Sagesse.* »

Mais l'étude a ses dangers. De là ce recours à *Notre-Dame des Bonnes Etudes* : « *Défendez-moi, ô ma bonne Mère, de l'esprit d'orgueil, de* « *suffisance, de vaine curiosité, de légèreté.* » De l'esprit d'orgueil, car Dieu ne se fait pas connaître à l'orgueilleux ; de l'esprit de suffisance, qui rend incapable d'un savoir profond et étendu ; de l'esprit de vaine curiosité, qui glane au hasard et ne rapporte souvent que des gerbes d'ivraie ; de l'esprit de légèreté, qui manque de persévérance dans le travail et reste indifférent aux grandes questions.

« *Préservez-moi de tout scandale, de toute erreur, de tout ce qui pourrait* « *altérer ma foi, troubler la lucidité de mon intelligence.* » Cette préservation est absolument nécessaire pour quiconque veut faire de belles et bonnes études : il faut ressembler à Dieu, c'est-à-dire être rempli de vérité et de pureté.

« *Que sous votre égide, ô Marie, toujours soumis aux directions et aux* « *enseignements de l'Eglise, notre Mère* », c'est-à-dire aux désirs paternels comme à l'autorité doctrinale et disciplinaire du Souverain Pontife, « *je* « *puisse marcher avec sécurité, courage et constance dans le chemin de la* « *vérité et de la vertu.* » Avec sécurité, au sein des erreurs qui me sollicitent ; avec courage, au milieu des difficultés intellectuelles et morales qui surgissent de toutes parts ; avec constance, malgré mes imperfections et le désarroi général des esprits et des cœurs.

Toute science doit nous conduire à Jésus-Christ. *Notre-Dame des Bonnes Etudes* nous aidera dans cette ascension de l'âme vers son Fils, la vérité absolue. « *Pour parvenir à la connaissance, à l'amour et à la possession éternelle de Jésus-Christ, Notre-Seigneur, votre divin Fils.* »

Connaître Jésus-Christ par l'esprit, afin de mieux l'aimer par le cœur, pour le posséder éternellement, tel est le but de la science véritable. Tel est le sens de la prière à *Notre-Dame des Bonnes Etudes.* C'est à ce bonheur de l'intelligence et du cœur que conduisent les études belles et bonnes. Elles donnent à la vie présente un rayon de ce bonheur dont Dieu est le centre lumineux ; elles préparent la consommation de ce bonheur qui sera la connaissance, l'amour et la possession de Dieu pour toute l'éternité. La voie de ce bonheur est Marie. Au-dessus des sciences règne Celle qui est le Siège de la Sagesse, au firmament des arts brille Celle qui est la Lumière des lumières ; sur les sciences et sur les arts siège en souveraine Celle qui est la Mère du Verbe, splendeur éternelle du Père, la Vierge Mère : *Notre-Dame des Bonnes Etudes.*

Telle est la Dévotion à *Notre-Dame des Bonnes Etudes.* S'inspirant des principes théologiques qui ont permis de mieux connaître les splendeurs de Marie, des grandes pensées qui ont toujours guidé l'Eglise dans la défense de la vérité, des conditions essentielles pour arriver au vrai et au beau, cette dévotion est donc bien légitime. Ses fondements sont ceux d'une foi profonde, d'une raison droite et d'un amour ardent pour la cause des études belles et bonnes.

Aussi sa légitimité a-t-elle été con'sacrée par le Souverain Pontife lui-même.

Le 16 mais 1906, Sa Sainteté Pie X daigna rédiger elle-même la formule qu'on lit au bas de *l'image*, l'écrivit et la signa de sa propre main. La voici : « *Cunctis invocantibus Beatissimam Virginem per jaculatoriam " Notre-Dame des Bonnes Etudes, priez pour nous " semel in die Indulgentiam trecentorum dierum in Domino concedimus.* »

Die 16 Maii 1906.   *PIUS PP. X.*

Le 26 avril 1907, Sa Sainteté Pie X, ayant lu avec une complaisance bien marquée la *prière* à *Notre-Dame des Bonnes Etudes*, écrivit spontanément au-dessous : « *Fidelibus recitantibus hanc precem Indulgentiam centum dierum toties quoties lucrandam concedimus.* »

Die 26 Aprilis 1907.   *PIUS PP. X.*

Enfin le 24 Avril 1908, le Souverain Pontife daignait agréer et bénir la *médaille* de *Notre-Dame des Bonnes Études* et daigna distribuer lui-même les premières.

Le Saint Père comprenant sans doute tout le bien qui sortirait d'une pareille dévotion. C'est pourquoi il la sanctionna de son auguste autorité. Entre la pensée de l'Eglise et la dévotion à *Notre-Dame des Bonnes Etudes* il y avait une si riche harmonie !

Légitime, la dévotion à *Notre-Dame des Bonnes Etudes* est de plus opportune. Qu'on en juge, par ce fait que la pensée maîtresse de cette dévotion répondait, avant la lettre, à l'esprit de l'Encyclique *Pascendi* (8 septembre 1907).

Que demande-t-on, en effet, à *Notre-Dame des Bonnes Etudes* ? Protection, lumière et aide pour faire de belles et bonnes études dans les sciences sacrées et profanes, en respectant la doctrine de l'Eglise et en y subordonnant sa propre pensée, non certes pour en comprimer l'élan, mais pour recevoir plus de lumière et une direction ferme et assurée. Or l'adhésion à la doctrine de l'Eglise est formellement demandée par l'Encyclique *Pascendi* surtout en ce qui concerne l'Ecriture Sainte, la tradition, la théologie et la philosophie scolastique dont saint Thomas est le plus illustre représentant. Cette adhésion est nettement exprimée dans la *dévotion à Notre-Dame des Bonnes Etudes* par la nature même de certains emblêmes symboliques représentés sur l'*image* et la *médaille* de *Notre-Dame des Bonnes Etudes*. N'y voit-on pas un faisceau de livres comprenant *Biblia sacra* qui est l'Ecriture Sainte, *De civitate Dei*, qui représente la tradition, *Opera S. Thomæ*, qui résument la théologie des Pères et la philosophie scolastique.

Il semble bien qu'on ne pouvait trouver une forme plus précise pour exprimer la pensée de Pie X. Mais cette remarque revêt un caractère plus saisissant encore, si l'on considère que la *dévotion à Notre-Dame des Bonnes Etudes* qui s'harmonise si bien avec la pensée dominante de l'Encyclique *Pascendi* est antérieure à cette même Encyclique. L'Encyclique est datée du 8 septembre 1907, et, 1° l'invocation à *Notre-Dame des Bonnes Etudes* fut indulgenciée par Pie X le 16 mai 1906 avec autographe de Sa Sainteté au bas de l'*image* de *Notre-Dame des Bonnes Etudes*; 2° la *prière à Notre-Dame des Bonnes Etudes* fut indulgenciée par Pie X, le 26 avril 1907, avec autographe de Sa Sainteté au bas de cette prière.

On peut ajouter que l'harmonie entre la dévotion à *Notre-Dame des Bonnes Etudes* et l'Encyclique *Pascendi*, manifestée par l'union des mêmes, idées et des mêmes sentiments sur les vérités les plus importantes, s'accentue encore, d'une façon bien délicate de la part de Dieu et de la Très Sainte Vierge, si l'on remarque la date même de l'Encyclique. Elle fut signée le 8 septembre, fête de la Nativité de la Sainte Vierge, comme pour bien signifier que Marie est la protectrice, l'inspiratrice et le guide de l'Eglise dans la véritable connaissance et le parfait amour de Jésus-Christ, son divin Fils. Or cela même est le fond de la *dévotion à Notre-Dame des Bonnes Etudes*.

Enfin la *médaille* eut en 1908 sa contre-partie dans la médaille de saint Pierre.

Dans celle-ci, l'artiste voulut rappeler un des actes les plus importants de Pie X ; la publication de l'Encyclique contre le modernisme. Le

Saint Père tient de la main gauche un parchemin sur lequel on lit : *Pascendi*, et il étend la main droite comme pour condamner le modernisme figuré par une hydre qui s'efforce de saisir le parchemin et de fouler aux pieds trois livres sur lesquels on lit : *Bible — Tradition — Scolastique*.

Or, sur la médaille de *Notre-Dame des Bonnes Etudes*, la Sainte Vierge foule le serpent, ses mauvaises doctrines et garde l'Ecriture Sainte (*Biblia sacra*), la Tradition (*De civitate Dei*), la Scolastique (*Opera S. Thomæ*).

Il y a de plus ce détail très important à noter. La médaille de *Notre-Dame des Bonnes Etudes* fut bénite par le Saint Père le *24 Avril 1908* et la médaille annuelle de Saint Pierre fut présentée par Son Eminence le Cardinal Merry del Val le *22 Juin 1908*, c'est-à-dire presque deux mois après la bénédiction de la *médaille* de *Notre-Dame des Bonnes Etudes*.

La dévotion à *Notre-Dame des Bonnes Etudes* répond donc à la pensée de l'Eglise. Elle apparaît comme très utile et très opportune pour la formation intellectuelle et morale des âmes, en s'inspirant de la doctrine et des traditions de l'Eglise.

Aussi cette dévotion s'est-elle déjà répandue en France, en Italie, en Suisse, en Angleterre, en Pologne, en Espagne, au Canada. La prière latine, présentée au Saint Père, est déjà traduite en français, en italien, en allemand, en anglais, en espagnol, en grec, en japonais et en tamoul.

Tout cela montre et prépare la marche royale de *Notre-Dame des Bonnes Etudes* dans la voie de l'enseignement à tous ses degrés, pour assurer à la société ses nobles traditions de christianisme, en maintenant ou rétablissant l'enseignement en Jésus-Christ et sauvegarder par là même la beauté et la bonté des études dans les sciences sacrées et profanes.

CONCLUSION

Quand on étudie l'action de Dieu en ce monde, on voit qu'elle repose toujours sur la vérité ; seules les profondes ténèbres des erreurs humaines peuvent l'obscurcir.

Aussi, parce que la vérité est l'œuvre de Dieu, elle fut à un degré éminent dans l'intelligence de Celle qui est après Jésus-Christ, le chef-d'œuvre de la création et de la grâce. Appelée par Dieu à participer aux mystères divins de l'Incarnation et de la Rédemption, Marie eut une science incomparable de ces réalités transcendantes. Dieu seul avait pu révéler à une créature ce que Lui seul pouvait opérer en elle et par elle. Une telle révélation était nécessaire pour que l'œuvre divine s'accomplît et pour que le monde, perdu par l'erreur, fût sauvé par la vérité.

Ève, en effet, avait reçu de Dieu la vraie science du bien ; mais elle voulut l'accroître de la science du mal. Ce fut une erreur fondamentale dont nos premiers parents ressentirent aussitôt les redoutables consé-quences, c'est-à-dire l'aveuglement de l'esprit et le trouble du cœur.

Marie, la nouvelle Ève, fut aussi instruite par Dieu, mais elle ne désira aucune autre science. Sa confiance en la Vérité Infaillible lui mérita de pénétrer les mystères de Dieu et de la création ; grâce insigne qui apporte aux hommes les lumières d'une intelligence et les tendres-ses d'un cœur que Dieu lui-même avait formés. *Dépositaire de la vraie science*, Marie eut pour mission de la répandre dans l'âme de ses enfants, Eve avait perdu l'humanité par la fausse science : *Marie la sauvera par la vraie science.*

Aussi bien, est-ce de tout notre cœur que nous pouvons redire ces belles invocations de Saint Ildefonse : « *Salut, sainte Mère de Dieu,* « *tabernacle d'or de votre Sauveur, lumière qui vient de l'Orient... Vous*

« êtes la philosophie de la vertu, la maîtresse des chrétiens, la règle des
« cloîtres, la science de la paix, le glaive de l'esprit. Dieu vous a ornée
« du don de sagesse qui vous éleva dans les choses divines par l'amour
« extatique; du don d'intelligence qui vous fit connaître les secrets de
« Dieu par la splendeur hiérarchique; du don de science qui vous révéla le
« sens des Écritures par le mystère même de Jésus-Christ... O Maîtresse
« de toute science, théorique et divine..., vous qui fûtes plus pénétrante que
« les prophètes par l'intelligence et la sagesse..., illuminez le regard de
« mon esprit, car vous êtes la lumière du monde et la splendeur de l'Église,
« vous, chœur admirable tout rempli de sagesse, rayonnant de lumière,
« pénétré de la science, brillant de la grâce de toute chose. »

Que *Notre-Dame des Bonnes Études* hâte donc par la belle et bonne science le jour où l'Église, illuminant de sa vérité toute intelligence, la conduira vers Dieu par Marie ; vers Jésus-Christ par sa Mère.

Voir ses enfants dans le vrai, dans l'union à l'Église est une consolation si douce pour le cœur maternel de Marie ! Combien d'âmes courent à l'erreur et au mal par suite d'un enseignement faux ou d'études erronées. Que *Notre-Dame des Bonnes Études* vienne au devant d'elles pour leur apporter comme à saint Jean-Baptiste, la lumière et la vie ! Puisse-t-elle ainsi les empêcher d'aller même sur le bord de l'abîme ! Puissante comme une armée rangée en bataille, elle peut arrêter les progrès du mal, et, par la belle et bonne science, diminuer et supprimer les péchés et les scandales qui jaillissent de l'erreur et de la fausse science comme d'une source empoisonnée.

Bienheureuse est la *Vierge illuminée de la science divine* qui conduit les âmes par le chemin de la lumière et de la pureté ! Bienheureuses aussi les âmes qui, non par révélation, mais par la protection de Marie, trouvent des anges terrestres pour les initier à la science du vrai et du beau, et les garder dans les « bonnes études » si nécessaires, mais qu'on ne peut faire seul !

Aussi pour conclure, formulerons-nous ce double vœu :

1° Que *Notre-Dame des Bonnes Études* soit donc connue et aimée de plus en plus.

2° Qu'à *Salzbourg* comme à Rome, qu'à l'*Université Catholique* comme au Collège Angélique des Dominicains, les fondations reçoivent et gardent comme un précieux gage de belle et bonne science la *médaille de Notre-Dame des Bonnes Etudes*.

Lundi de la Pentecôte, 16 mai 1910.

Notre-Dame des Bonnes Etudes, priez pour nous.

Imprimatur :
† HENRICUS LUDOVICUS,
Ep. Carnotensis,
1ᵉʳ Juillet 1910.

Imprimatur :
Bourges, le 8 Juillet 1910,
Fr. LELONG,
v. g.

Bourges. — Typ. Vve Tardy-Pigelet et Fils, 15, rue Joyeuse.

46

3 7531 03618275 7